# ANANDRIA

## OU

## CONFESSIONS

### DE

## MADEMOISELLE SAPHO

Contenant les détails de sa réception
dans la Secte Anandrine, sous
la présidence de Mlle RAUCOURT,
& ses diverses aventures.

## EN GRECE.

1789.

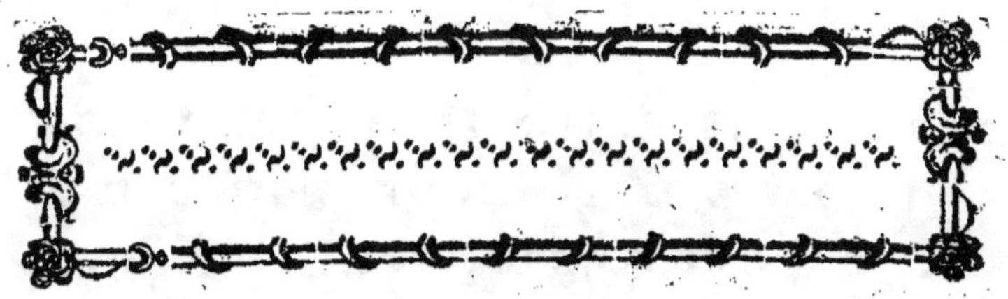

# CONFESSIONS

## DE

# MADEMOISELLE SAPHO.

Je suis née au village de Villiers-le-bel ; mon pere est un la-
boureur qui vit assez bien en travaillant, lui, sa femme & ses enfans : pour moi, les occupations
de la campagne m'ont toujours ré-
pugné. Pendant que l'on étoit aux
champs, on me laissoit à la maison prendre soin du ménage, & je
le prenois souvent très-mal, ce
qui me faisoit gronder & maltrai-
ter. Mon caractere me porte uniquement à la coquetterie. Dès mon
enfance je goûtois un plaisir vif à
me mirer dans les ruisseaux ; dans
les fontaines, dans un seau d'eau.
Quand j'allois chez M. le Curé, je

A

me pouvois quitter le miroir : j'étois aussi fort propre pour mon compte, je me lavois souvent le visage ; je me décrassois les mains ; j'arrangeois mes cheveux & mon bonnet de mon mieux ; j'étois enchantée quand j'entendois dire autour de moi par quelqu'un : *Elle est jolie, elle sera charmante.* Je passois la journée entiere à soupirer après le Dimanche, parce qu'on me donnoit ce jour-là une chemise blanche, un juste (*) brun, qui me prenoit bien la taille, & faisoit ressortir la blancheur de ma peau ; des souliers neufs, une petite dentelle à mon béguin. Quand je pouvois mettre la croix d'or de maman, sa bague, ses boucles d'argent, j'étois comblée. Du reste, oisiveté complette ; la promenade, la course, la danse. J'étois parvenue ainsi à ma quinzieme année ; j'étois grand'fille, &

_______________

(*) Terme de village en France, qui revient à celui de casaquin.

tous mes défauts avoient cru avec l'âge. Il s'en développa bientôt de nouveaux ; je devins lascive singulierement. Sans savoir ni ce que je faisois, ni ce que je voulois, je me mettois nue dès que j'étois seule ; je me contemplois avec complaisance, je parcourois toutes les parties de mon corps, je caressois ma gorge, mes fesses, mon ventre ; je jouois avec le poil uni qui ombrageoit déjà le sanctuaire de l'amour ; j'en chatouillois légérement l'entrée ; mais je n'osois y faire aucune intromission ; cela me paroissoit si étroit, si petit, que je craignois de me blesser. Cependant je sentois dans cette partie un feu dévorant ; je me frottois avec délice contre les corps durs, contre une petite sœur que j'avois, & qui, trop jeune pour travailler, restoit avec moi. Un jour, ma mere revenue du champ de meilleure heure, me surprit dans cet exercice ; elle entra en fureur ; elle me trai-

ta comme la derniere des malheureufes : elle me dit que j'étois un
mauvais fujet, qui ne feroit jamais
propre à rien ; une dévergondée,
qui déshonoreroit une famille ; une
proftituée, qu'il falloit envoyer
au Couvent de la *Gourdan*. Ces
épithetes dont je n'entendois pas
le fens, ne me parurent injurieu-
fes que parce qu'elles furent ac-
compagnées de juremens, & de
coups fi violens, que je pris la ré-
folution de quitter la maifon pa-
ternelle & de m'enfuir.

Mad. Gourdan avoit en effet,
dans ce tems-là, une maifon de campagne à Villiers-le-Bel, où elle
venoit rarement, mais où elle en-
voyoit fes filles malades, celles
qu'il falloit accoucher en particu-
lier, celles qu'elle vouloit receler ;
du refte, une maifon propre à tous
les ufages fecrets, à toutes les
opérations clandeftines de fon métier. Elle étoit en conféquence
écartée, ifolée, entourée de bois,

d'un accès difficile ; on n'y parloit
à la porte que par une petite grille, & tous ces dehors, assez semblables à ceux d'un monastere,
s'accordoient pour moi (ignorant
encore ce qui s'y pratiquoit) à la
dénomination de Couvent que les
paysans, par dérision, lui don-
noient généralement. Je ne connoissois même les véritables que
par oui-dire, & simplement com-
mé des prisons qui me faisoient
horreur. Il n'en étoit pas de même
du couvent de Madame Gourdan ;
j'en voyois les novices sortir très-
parées, riant, chantant, dansant,
sur-tout ne faisant rien de la journée ; car elles se répandoient souvent dans le village : elles y ve-
noient acheter du laitage, des
fruits, & payoient bien cher, ce
qui les rendoit agréables. Je réso-
lus de suivre le conseil de maman,
& d'essayer de celui-là. Je cachai
mon dessein ; je m'efforçai même
de me rendre plus utile, & atten-

dis le jour où je saurois que Mad. Gourdan seroit à sa maison. Elle y eut affaire quelque tems après ma scene avec maman : je courus chez elle le lendemain matin, & lui fis part de ma vocation. Elle m'avoit lorgné depuis plusieurs mois, à ce qu'elle m'a depuis assuré; elle me reçut avec joie, me dit que je lui convenois fort ; que j'étois d'une figure à faire fortune; mais qu'elle ne pouvoit me prendre sans le consentement de mes parens. Je me mis à pleurer, & à lui exposer que je n'oserois jamais leur en parler. Alors, sûre de ma discrétion ; ,, Eh bien, dit-elle, ,, vous avez raison, ne leur dites ,, mot. Je pars demain matin à ,, onze heures ; devancez-moi ; ,, trouvez-vous, comme par ha- ,, zard, sur ma route ; je vous ,, prendrai dans mon carrosse & ,, vous emmenerai à Paris. Du ,, reste, vous n'avez besoin d'au- ,, cun paquet; vous ne manquerez

„ de rien avec moi. „ Je la remer-
ciai, l'embraſſai de tout mon cœur,
& exécutai de point en point ce
qu'elle m'avoit preſcrit. Elle avoit
pris de ſon côté, les précautions
néceſſaires à ſa ſûreté (*) : Elle
avoit renvoyé ſon carroſſe à vuide :
elle avoit emprunté celui d'un Prélat reſpectable, qui étoit venu dans
ce lieu pour éviter le ſcandale ; elle
s'étoit embarquée ſeule dedans ;
elle m'avoit dépoſé au fauxbourg
Saint - Laurent , dans l'apparte-

---

(*) Madame Gourdan étoit d'autant plus
intéreſſée à ne pas donner priſe ſur elle en cette
circonſtance, que les Magiſtrats avoient, peut-
être pour la premiere fois, à ſon occaſion, diſ-
tingué deux genres de maquerelles ; celles qui
débauchent de jeunes perſonnes innocentes ,
& celles qui fourniſſent aux hommes ſeule-
ment des filles déjà débauchées. Ses partiſans
à la Tournelle vouloient que la punition
d'être promenée ſur un âne , le viſage tourné
du côté de la queue, ne dût être infligée qu'aux
premieres ; ou plutôt que la loi ne reconnût
véritablement pour maquerelles que celles-là.
C'eſt par cette tournure ſubtile , que Mad.
Gourdan a été ſouſtraite au châtiment.

A 4

ment d'un garde du corps, fon ami, qui étoit à Verfailles ; là elle s'étoit mife dans un fiacre, & étoit rentrée chez elle de façon à ne laiffer aucun veftige de mon enlévement, & à fe fouftraire à toutes les recherches. Auffi quelque foupçon qu'eût mon pere, quelque diligence qu'il mît à me pourfuivre, il ne put rien découvrir, & n'a dû enfuite qu'au hazard ce qu'il n'avoit pu obtenir des plus hautes protections & de la police la plus vigilante ; mais ces pourfuites intriguerent ma conductrice, au point qu'elle fut plufieurs jours fans ofer me faire venir chez elle, fans venir ou ofer envoyer où j'étois. Elle s'y rendit enfin un foir.

Cependant j'étois reftée entre les mains de la gouvernante du garde du corps, duegne sûre, qui m'avoit choyée de fon mieux, m'avoit fait manger & coucher avec elle, & m'avoit apparemment fi bien vifitée durant mon fommeil, qu'au moment où Mad. Gourdan parut, j'entendis qu'elle lui dit à l'oreille : „ Vous avez trouvé un „ Pérou dans cet enfant ; elle eſt „ pucelle ſur mon honneur, ſi elle „ n'eſt pas vierge ; mais elle a un „ clitoris diabolique ; elle ſera plus „ propre aux femmes (*) qu'aux „ hommes ; nos tribades renom- „ mées doivent vous payer cette „ acquiſition au poids de l'or. „

Mad. Gourdan ayant vérifié le fait, écrivit ſur le champ à Mad. de Furiel, que tout le monde con- noît au moins de réputation, pour la prévenir de ſa découverte. J'ai conſervé une copie de cette lettre. La voici :

MADAME,

„ J'ai découvert pour vous un

---

(*) Mad. Gourdan étoit à toutes mains ; Elle fourniſſoit des filles aux hommes & des hommes aux femmes ; il paroît par-là qu'elle produiſſoit auſſi aux tribades des *ſuccubes*. On appelle ainſi les patientes dans les combats amoureux de femme à femme.

„ morceau de Roi ou plutôt de Rei-
„ ne, s'il s'en trouvoit quelqu'une
„ qui eût votre goût dépravé ; car
„ je ne puis qualifier autrement une
„ passion trop contraire à mes inté-
„ rêts ; mais je connois votre géné-
„ rosité, qui me fait passer par-des-
„ sus la rigueur que je devrois vous
„ tenir. Je vous avertis que j'ai à
„ votre service le plus beau clito-
„ ris de France, en outre une
„ franche pucelle de quinze ans au
„ plus. Essayez-en ; je m'en rap-
„ porte à vous, & je suis persuadée
„ que vous ne croirez trop pou-
„ voir m'en remercier. Au reste,
„ comme vous ne lui aurez pas fait
„ grand tort, si elle ne vous con-
„ vient pas, renvoyez-la moi, &
„ ce sera encore un pucelage ex-
„ cellent pour les meilleurs gour-
„ mets. „

„ Je suis avec respect &c. „
Madame de Furiel m'envoya
chercher avec la même diligence
& me fit conduire à sa petite mai-

fon. La femme de chambre, qui étoit venue me prendre miftérieufement en brouette , me fit entrer d'abord dans une efpece de chaumiere, en forte que je crus être retournée au village. Nous traverfâmes enfuite une cour, où, quoiqu'il y eût une porte charretiere, des écuries , des remifes, je vis auffi des étables, une laiterie , des poules, des dindons , des pigeons, ce qui s'accordoit affez à mon idée. Je fus enfin détrompée quand on eut ouvert une petite porte, & que j'apperçus un fuperbe jardin de forme ovale , entouré de peupliers fort hauts , qui en déroboient la vue à tous les voifins. Au milieu étoit un pavillon ovale auffi, furmonté d'une ftatue coloffale, que j'ai fu depuis être celle de la déeffe *Vefta*. On y montoit par neuf dégrés, qui l'entouroient de toutes parts. Je trouvai d'abord un veftibule éclairé de quatre torcheres : des deux côtés étoient deux baſſins, où des Nayades, de leurs mamelles, fourniſſoient de l'eau à volonté; à gauche étoit un billard, & à droite un cabinet de bains, où l'on me fit entrer. On m'apprit que je ne verrois point la maîtreſſe du lieu, que je n'euſſe reçu les préparations néceſſaires pour paroître en ſa préſence. En conſéquence, on commença par me baigner : on prit la meſure des premiers vêtemens que je devois avoir. Pendant le ſouper ma conductrice m'entretint uniquement de la dame à qui j'allois appartenir, de ſes charmes, de ſes graces, de ſes bontés, du bonheur dont je jouirois avec elle, du dévouement abſolu que je lui devois. J'étois ſi étonnée, ſi étourdie des objets nouveaux qui me frappoient de toutes parts, que je ne dormis pas de la nuit.

Le lendemain on me mena chez le dentiſte de Mad. de Furiel, qui viſita ma bouche, m'arrangea les dents, les nettoya, me donna d'une eau propre à rendre l'haleine douce & suave. Revenue, on me mit de nouveau dans le bain. Après m'avoir essuyée légérement , on me fit les ongles des pieds & des mains: on m'enleva les corps, les durillons, les callosités ; on m'épila dans les endroits où des poils folets mal placés pouvoient rendre au tact la peau moins unie ; on me peigna la toison que j'avois déjà superbe, afin que dans les embras-semens, les touffes trop mêlées n'occasionnassent pas de ces croi-semens douloureux, semblables au plis de rose qui faisoient crier les Sybarites. Deux jeunes filles de la jardiniere, accoutumées à cette fonction, me nettoyerent les ou-vertures, les oreilles, l'anus, la vulve ; elles me pétrirent volup-tueusement toutes les jointures à la maniere des *Germains* (*) pour

_______________

(*) Charlatan , quelque tems à la mode à Paris , & qui prétendoit guérir ses malades en leur pêtrissant les membres.

les rendre plus souples. Mon corps ainsi disposé, on y répandit des essences à grands flots : puis on me fit la toilette ordinaire à toutes les femmes : on me coëffa avec un chignon très-lâche ; des boucles ondoyantes sur mes épaules & sur mon sein, quelques fleurs dans mes cheveux : ensuite on me passa une chemise faite dans le costume des tribades ; c'est-à-dire, ouverte par devant & par derriere depuis la ceinture jusqu'en bas ; mais se croisant & s'arrêtant avec des cordons: on me ceignit la gorge d'un corset souple & léger ; mon *intime* (*), & le jupon de ma robe , pratiqués comme ma chemise , prêtoient la même facilité. On termina par m'ajuster une polonoise d'un petit satin couleur de rose, dans laquelle j'étois faite à peindre. Par mon caractere donné, vous jugez quel

______

(*) Jupon fait de mousseline , appellé *intime*, parce qu'il colle exactement sur le corps.

dut être ma joie, quel ravissement lorsque je me vis ainsi. J'étois embellie des trois quarts; je ne me reconnoissois pas moi-même; je n'avois pas encore éprouvé autant de plaisir; car j'ignorois l'espece de celui qu'alloit me procurer Mad. de Furiel. Au surplus, quoique légérement vêtue, & au mois de mars, où il fait encore froid, je n'en éprouvai aucun, je croyois être au printems; je nageois dans un air doux, continuellement entretenu tel par des tuyaux de chaleur qui régnoient tout le long des appartemens.

Quand Mad. de Furiel fut arrivée, on me conduisit à elle par un couloir, qui communiquoit du quartier où j'étois, à un boudoir, où je la trouvai nonchalamment couchée sur un large sopha. Je vis une femme de 30 à 32 ans, brune de peau, haute en couleur, ayant de beaux yeux, les sourcils très-noirs, la gorge superbe; en embonpoint,

& offrant quelque chofe d'hom-
maffe dans toute fa perfonne. Dès
qu'on m'annonça, elle lança fur
moi des regards paffionnés, &
s'écria : „ Mais on ne m'en a pas
„ encore dit affez ; elle eft célefte !
„ puis, radouciffant la voix, ap-
„ prochez mon enfant, venez vous
„ affeoir à côté de moi. Eh bien !
„ comment vous trouvez vous ici?
„ Vous y plairez-vous ? Cette
„ maifon, ce jardin, ces meubles,
„ ces bijoux, tout cela fera pour
„ vous ; ces femmes feront vos
„ fervantes, & moi je veux être
„ votre maman. En échange de
„ tant de chofes, de foins & d'a-
„ mour, je ne vous demande que
„ de m'aimer un peu. Allons, di-
„ tes moi: vous fentez-vous dif-
„ pofée ? Venez me donner un
„ baifer.... „ Sans proférer une
parole, & pénétrée de reconnoif-
ce, je me jette à fon col & l'em-
braffe. „ Oh ! mais, petite imbécil-
„ le, ce n'eft pas comme cela qu'on
„ s'y

„ s'y prend : voyez ces colombes
„ qui fe becquetent amoureufe-
„ ment! „ Elle me fait en même
tems lever les yeux vers le ceintre
de la niche où nous étions, garni
d'une guirlande de fleurs en fculpture, où étoit en effet fufpendu
ce couple lafcif, fymbole de la
tribaderie. „ Suivons un fi char-
„ mant exemple! „ Et en même
tems elle me darde fa langue dans
la bouche. J'éprouve une fenfation
inconnue qui me porte à lui en
faire autant : bientôt elle gliffe fa
main dans mon fein, & s'écrie de
nouveau : „ Les jolis tetins ! com-
„ me ils font durs ! c'eft du mar-
„ bre ; on voit bien qu'aucun hom-
„ me ne les a fouillés de fes vi-
„ lains attouchemens. „ En même
tems elle chatouille légérement le
bout, & veut que je lui rende le
plaifir que je reçois ; puis de la
main gauche, déliant mes rubans,
mes cordons de derriere : „ Et ce
„ petit cul, a-t-il eu fouvent le

B

„ fouet? Je parie qu'on ne le lui
„ a pas donné comme moi? „ Puis
elle m'applique de légeres claques
au bas des feſſes près le centre du
plaiſir, qui ſervent à irriter ma lubricité ; alors, elle me renverſe
ſur le dos, & s'ouvrant un paſſage
en avant, elle entre en admiration
pour la troiſieme fois. „ Ah! le ma-
„ gnifique clitoris! Sapho n'en eut
„ pas un plus beau; tu feras ma
„ Sapho. „ Ce ne fut plus qu'une
fureur convulſive des deux parts,
que je ne pourrois décrire. Après
une heure de combats, de jouiſſance, irritant mes deſirs ſans les
ſatisfaire, Mad. de Furiel, qui
vouloit me réſerver pour la nuit,
ſonna. Deux femmes de chambre
vinrent nous laver, nous parfumer,
& nous ſoupâmes délicieuſement.

Pendant le repas elle m'apprit
que cette petite maiſon qui lui ap-
partenoit, étoit en quelque ſorte
devenue ſacrée par ſon uſage; qu'on
l'avoit convertie en un temple de

*Vesta*, regardée comme la fonda-
trice de la secte *Anandryne* (*), ou
des tribades, ainsi qu'on les appelle vulgairement.

„ Une tribade, me dit-elle, est une
jeune pucelle, qui n'ayant eu aucun commerce avec l'homme, & con-
vaincue de l'excellence de son sexe,
trouve dans lui la vraie volupté, la
volupté pure, l'y trouve toute entiere, & renonce à l'autre sexe, aussi
perfide que séduisant. C'est encore
une femme de tout âge, qui, pour
la propagation du genre humain,
ayant rempli le vœu de la nature
& de l'état, revient de son erreur,
déteste, abjure des plaisirs gros-
siers, & se livre à former des éleves à la déesse. „

„ Au reste, n'est pas admis qui
veut dans notre société. Il y a,
comme dans toutes, des épreuves
pour les postulantes. Celles pour

---

(*) Ce mot vient du grec & veut dire en
françois *Anti-homme*.

les femmes, (*) font fur-tout très-pénibles, & fur dix il en eft à peine une qui ne fuccombe pas. Quant aux filles, ce font les meres qui en jugent dans l'intimité de leur commerce, qui fe les attachent, & qui en répondent. Vous m'avez déjà paru digne d'être initiée à nos myfteres ; j'efpere que cette nuit

---

(*) Voici en quoi confifte ce genre d'épreuves.

On enferme la poftulante dans un boudoir, où eft une figure de Priape dans toute fon énergie, on y voit des groupes d'accouplemens d'hommes & de femmes, offrant les attitudes les plus variées & les plus luxurieufes. Les murs peints à frefque ne préfentent que des images du même genre, que des membres virils de toutes parts : des livres, des porte-feuilles, des eftampes analogues, fe trouvent fur une table.

Au pied de la ftatue eft un réchaud, dont le feu & la flamme ne font entretenus que de matieres fi légeres & fi combuftibles, que, pour peu que la poftulante ait une minute de diftraction, elle court rifque de laiffer éteindre le feu, fans pouvoir le rallumer ; en forte que lorfqu'on vient la chercher, on voit fi elle n'a point reçu d'émotion forte, qui indique encore en elle du penchant pour la fornication à laquelle elle doit renoncer.

Ces épreuves, au furplus, durent trois jours de fuite pendant trois heures.

me confirmera dans la bonne opi-
nion que j'ai conçue de vous , & 
que nous menerons long-tems enfemble une vie innocente & vo-
luptueufe. „

„ Rien ne vous manquera. Je vais 
vous faire faire des robes , des ajuf-
temens , des chapeaux; vous acheter des diamans , des bijoux : vous 
n'aurez qu'une feule privation ici ; 
c'eft qu'on ne voit point d'hommes : ils n'y peuvent entrer ; je 
ne m'en fers à rien , même pour 
le jardin. Ce font des f. .mes ro-
buftes que j'ai formées à cette cul-
ture , & jusqu'à la taille des ar-
bres. Vous ne fortirez qu'avec moi ; 
je vous ferai voir fucceffivement 
les beautés de Paris : je vous me-
nerai fouvent au fpectacle dans mes 
loges , aux bals , aux promenades. „

„ Je veux former votre éduca-
cation ; ce qui, vous rendant plus 
aimable , vous fauvera de l'ennui 
d'être fouvent feule. Je vous ferai 
apprendre à lire , à écrire , à dan-

ſer, à chanter. J'ai des maîtreſſes dans tous ces genres à ma diſpoſition ; j'en ai dans les autres, à meſure que vos goûts ou vos talens ſe développeront. ,,

Telle fut à peu près la converſation de Mad. de Furiel, qui précéda notre coucher, & qui ne fut interrompue que par des remerciemens, des embraſſades, des careſſes qui l'enchanterent, & préluderent à d'autres plus intimes.

La nuit fut laborieuſe, mais ſi raviſſante pour moi, que, fatiguée, haraſſée, le matin épuiſée, j'appétois encore. Mad. de Furiel plus ſage, qui me réſervoit pour le grand jour de ma réception, ceſſa la premiere. Elle me fit apporter un conſommé, & avant de me quitter, ordonna qu'on prît de moi le plus grand ſoin. Elle m'envoya ſucceſſivement ſa lingere, ſon ouvriere en robes, ſa marchande de modes, ſa marchande à la toilette, & je ne tardai pas à être pourvue de tout ce qu'il me falloit pour débuter avec éclat dans le monde. Ainsi revêtue des agrémens que le luxe & l'art pouvoient ajouter à mes attraits, je fus conduite à l'opéra par ma protectrice, qui reçut de ses consœurs des complimens sans fin. Quant aux hommes, j'entendois qu'ils disoient dans les corridors, lorsque je passai pour m'en aller : *Mad. de Furiel a de la chair fraiche, c'est du neuf vraiment ; quel dommage que cela tombe en de si mauvaises mains!* Elle affectoit de me parler pour que je n'entendisse pas ces exclamations, & m'entraina bien vite dans son carosse.

Le jour de mon initiation aux mysteres de la secte *Anandrine*, avoit été fixé au lendemain, & j'y fus admise en effet avec tous les honneurs. Cette cérémonie extraordinaire étoit trop frappante pour ne m'en être pas ressouvenue dans ses moindres détails, & certainement c'est l'épisode le plus curieux de mon histoire.          B 4

Au centre du temple, est un sal-
lon ovale, figure allégorique qu'on
observe fréquemment en ces lieux;
il s'éleve dans toute la hauteur du
bâtiment, & n'est éclairé que par
un vitrage supérieur, qui forme le
ceintre, & s'étend autour de la statue dòminant extérieurement, &
dont je vous ai parlé. Lors des
assemblées, il s'en détache une petite statue, toujours représentant
*Vesta*, de la taille d'une femme ordinaire ; elle descend majestueuse-
ment, les pieds posés sur un globe,
au milieu de l'assemblée, comme
pour y présider.

Autour de ce sanctuaire de la
déesse, regne un corridor étroit,
où se promenent pendant l'assemblée deux tribades, qui gardent
exactement toutes les portes &
avenues. La seule entrée est par
le milieu, où se présente une porte
à deux battans ; du côté opposé
se voit un marbre noir, où sont
gravés en lettres d'or des vers dont
je vous ferai bientôt le récit. A

chacune des extrêmités de l'ovale
eſt une eſpece de petit autel qui
ſert de poële qu'allument & entre-
tiennent en dehors les gardiennes.
Sur l'autel, à droite en entrant,
eſt le buſte de Sapho, comme la
plus ancienne & la plus connue des
Tribades ; l'autel à gauche, vacant
juſques - là, devoit recevoir le buſte de Mlle d'Eon, cette fille la plus
illuſtre entre les modernes, la plus
digne de figurer dans la ſecte *Anandrine* ; mais il n'étoit point encore
achevé, & l'on attendoit qu'il ſor-
tit du cizeau du voluptueux Hou-
don. Autour, & de diſtance en diſtance, on a placé ſur autant de
gaîne, les buſtes des belles filles
grecques chantées par Sapho comme ſes compagnes. Au bas ſe li-
ſent le nom de *Theleſyle, Amythone,
Cydno, Mégare, Pyrrine, Andromede,
Cyrine,* &c... Au milieu s'éleve un
lit en forme de corbeille à deux
chevets, où repoſent la Préſidente
& ſon éleve ; autour du ſallon, des

carreaux à la turque, garnis de couffins, où fiege en regard, & les jambes entrelacées, chaque couple, compofé d'une mere & d'une novice, ou en termes myftiques, *de l'incube & de la fuccube.* Les murs font recouverts d'une fculpture fupérieurement travaillée, où le cizeau a retracé en cent endroits, avec une précifion unique, les diverfes parties fecretes de la femme, telles qu'elles font décrites dans le tableau de *l'amour conjugal,* dans l'*Hiftoire naturelle* de M. de Buffon, & dans les plus habiles naturaliftes, Voilà une exacte defcription du fanctuaire ; je crois n'avoir rien omis. Voici maintenant celle de ma réception.

Toutes les tribades en place, & dans leurs habits de cérémonie, c'eft-à-dire, les meres, avec une lévite couleur de feu & une ceinture bleue ; les novices, en lévite blanche avec une ceinture couleur de rofe ; du refte la tunique ou chemife , & les jupons fendus & recouverts : on vint nous avertir, Mad. de Furiel & moi , que l'on étoit prêt à nous recevoir; c'eft la fonction d'une des tribades gardiennes. Mad, de Furiel étoit déjà dans fon coftume : moi j'étois, au contraire, très - parée & dans l'habit le plus mondain,

En entrant je vis le feu facré, confiftant en une flamme vive & odorante, s'élançant d'un réchaud d'or, toujours prête à difparoître, & toujours rallumée par les aromates pulvérifés , qu'y jette fans interruption le couple chargé de cette fonction, extrêmement pénible par l'attention continuelle qu'elle exige. Arrivée aux pieds de la Préfidente , qui étoit Mademoifelle Raucourt : (*), Mad. de Furiel dit : ,,Belle Préfidente, & ,,vous cheres compagnes, voici ,,une poftulante : elle me paroît

_______________

(*) Célebre actrice de la comédie françoife.

„avoir toutes les qualité requifes.
„Elle n'a jamais connu d'homme,
„elle eſt merveilleuſement bien
„conformée, & dans les eſſais que
„que j'en ai faits, je l'ai reconnue
„pleine de ferveur & de zele : je
„demande qu'elle ſoit admiſe par-
„mi nous ſous le nom de *Sapho.* „
Après ces mots nous nous reti-
râmes pour laiſſer délibérer. Au
bout de quelques minutes, l'une
des deux gardiennes vint m'apprendre que j'avois été, par accla-
mation, admiſe à l'épreuve. Elle
me déshabilla, me mit abſolument
nue, me donna une paire de mu-
les ou de ſouliers plats, m'enve-
loppa d'un ſimple peignoir, & me
ramena de la ſorte dans l'Aſſemblée, où la Préſidente étant deſ-
cendue de la corbeille avec ſon
éleve, on m'y étendit & l'on retira
le peignoir. Cet état, au milieu
de tant de témoins, me parut in-
ſupportable, & je frétillois de
de toutes les manieres pour me

fouftraire aux regards, ce qui eft l'objet de l'inftitution, afin qu'aucun charme n'échappe à l'examen: d'ailleurs, dit un de nos plus aimables poëtes (*).

> L'embarras de paroître nue,
> Fait l'attrait de la nudité.

C'eft ici le moment de vous apprendre quels font les vers que je vous ai promis, & que vous attendez à coup sûr avec impatience. Ils contiennent une énumération détaillée de tous les charmes qui conftituent une femme parfaitement belle, & ces charmes y font calculés au nombre de trente. On ne dit point au refte le nom de leur auteur, qui certainement n'étoit pas du fexe, & tribade du moins. Il n'eft qu'un philofophe froid, capable d'analyfer ainfi la beauté. Au refte ces vers, très originaux dans leur genre, ne

______________

(*) Le cardinal de *Bernis*, dans fes quatre faifons ou quatre parties du jour.

m'ont point échappé de la tête.
Les voiei (*):

Que celle prétendant à l'honneur d'être belle ;
De reproduire en soi le superbe modele

---

(*) Ces vers sont imités ou paraphrafés d'un poëte latin , appellé *Jean de Nevizan* , qui vivoit au feizieme fiecle , & a compofé un poëme intitulé, *Silva nuptialis*. Voici le morceau original que l'on fera bien aife fans doute de comparer :

*Triginta hæc habeat quæ vult formofa videri*
  *Fœmina ! fic Helenam fama fuiffe refert.*
*Alba tria & totidem nigra; & tria rubra puella;*
  *Tres habeat longas res, totidemque breves,*
*Tres craffas, totidem graciles, tria ftricta, tot*
                                    *ampla ;*
  *Sint ibidem huic famæ, fint quoque parva tria.*
*Alba cutis, nivei dentes, albique capilli :*
  *Nigri oculi, cunnus, nigra fupercilia,*
*Labra ; genæ atque unguès rubri. Sit corpore longa,*
  *Et longi crines ; fit quoque longa manus.*
*Sintque breves dentes, auris, pes, pectora lata,*
  *Et clunes ; diftent ipfa fupercilia,*
*Cunnus & os ftrictum ; ftringunt ubi fingula ftrictæ.*
  *Sint venter, cunnus, vulvaque turgidula.*
*Subtiles digiti, crines & labra puellis,*
  *Parvus fit nafus, parva mamilla, caput ;*
*Cum nullæ aut raræ fint hæc, formofa vocari.*
  *Rara puella poteft, nulla puella poteft.*

D'Hélene, qui jadis embrasa l'univers,
Etale en sa faveur trente charmes divers!
Que, la couvrant trois fois, chacun par intervalle,
Et le blanc & le noir & le rouge mêlés
Offrent autant de fois aux yeux émerveillés,
D'une même couleur la nuance inégale.
Puis que neuf fois envers ce chef-d'œuvre d'amour,
La nature prodigue, avare tour à tour,
Dans l'extrême opposé, d'une main toujours sûre,
De ses dimensions lui trace la mesure.
Trois petits riens encore, elle aura dans ses traits,
D'un ensemble divin les contrastes parfaits.
Que ses cheveux soient blonds, ses dents comme
                              l'ivoire;
Que sa peau d'un lys pur surpasse la fraîcheur:
Tel que l'œil, les sourcils, mais de couleur plus
                              noire.
Que son poil des entours releve la blancheur.
Qu'elle ait l'ongle, la jöue & la levre vermeille;
La chevelure longue & la taille, & la main;
Ses dents, ses pieds soient courts ainsi que son
                              oreille;
Elevé soit son front, étendu soit son sein:
Que la nymphe sur-tout, aux fesses rebondies,
Présente aux amateurs formes bien arrondies;
Qu'à la chûte des reins, l'amant sans la blesser,
Puisse de ses deux mains fortement l'enlacer;
Que sa bouche mignonne & d'augure infaillible,
Annonce du plaisir l'accès étroit, pénible;
Que l'anus, que la vulve & le ventre assortis,
Soient doucement gonflés & jamais applatis.
Un petit nez plait fort; une tête petite.

Un tetin repouſſant le baiſer qu'il invite ;
Cheveux fins, levre mince, & doigts fort délicats
Complettent ce beau tout qu'on ne rencontre pas.

C'eſt d'après ce tableau de comparaiſon qu'on procede à l'examen; mais comme depuis Hélene, il ne s'eſt point trouvé de femme qui ait réuni ces trente grains de beauté, on eſt convenu qu'il ſuffiroit d'en avoir plus de la moitié, c'eſtà-dire au moins ſeize. Chaque couple vient ſucceſſivement à la diſcuſſion, & donne ſa voix à l'oreille de la Préſidente qui les compte & prononce. Toutes furent en ma faveur, & après avoir reçu ſucceſſivement l'accolade par un baiſer à la florentine, je fus ramenée, & l'on me donna le vêtement de novice, dans lequel je parus avec Mad. de Furiel. Alors, me jettant aux pieds de la Préſidente, je prêtai entre ſes mains le ſerment de renoncer au commerce des hommes, & de ne rien révéler des myſteres de l'aſſemblée, puis elle
ſépara

fépara en deux moitiés un anneau d'or, fur chacune defquelles Mad. de Furiel & moi écrivirent ref-pectivement notre nom avec un poinçon ; elle rejoignit les deux parties en figne de l'union qui de-voit régner entre mon inftitutrice & moi, & me mit cet anneau au doigt annulaire de la main gauche. Après cette cérémonie, nous fû-mes prendre notre place fur le carreau qui nous étoit deftiné, afin d'entendre le difcours de vê-ture que devoit fuivant l'ufage m'adreffer la Préfidente. Ce mor-ceau d'éloquence eft trop précieux pour ne le pas rapporter ici dans fon entier.

APOLOGIE *de la fecte Anandrine, ou Exhortation à une jeune tribade.*

*Femmes, recevez-moi dans votre fein, je fuis digne de vous.*

Ces paroles font tirées de la *feconde lettre aux femmes*, par Mlle d'Eon.

C'eft ainfi que n'aguere s'écrioit celle dont vous voyez le bufte pour la premiere fois offert à vos hommages ; cette fille , l'honneur de son sexe , la gloire du siecle , & par la réunion de ses talens divers , peut-être la plus illustre qui ait jamais existé, qui existera jamais; la plus digne sur-tout de figurer ici , d'occuper une prééminence que je ne dois qu'à l'indulgence de l'assemblée. Ce tendre épanchement, cet élan rapide , cette bouillante ardeur , ces mouvemens impétueux qui ramenent Mlle d'Eon vers son sexe , sont d'autant plus honorables pour lui, que , travestie en homme dès le berceau, crue homme, éduquée en homme, ayant vécu continuellement avec des hommes, elle en a contracté les goûts, les allures, les habitudes ; elle en a conquis, pour ainsi dire, tous les talens, tous les arts, toutes les vertus, sans se souiller d'aucun de leurs vices : investie de leur corruption, elle a toujours conservé la pureté de son origine. Au college dans les festins , dans les parties de plaisir les plus licencieuses ; à la Cour, au milieu des camps, & quelquefois obligée de partager sa couche avec un sexe étranger, elle a résisté à tant de tentations dangereuses, & jusqu'à ce qu'elle pût avoir une compagne, a trouvé en elle-même une jouissance préférable à celles dont l'attrait puissant l'aiguillonnoit sans cesse. Graces vous en soient rendues, ô déesse auguste, qui présidez à nos mysteres! Et vous, ma chere enfant, à qui cette exhortation s'adresse principalement, puissiez-vous profiter d'un si grand exemple! Echappée dès votre tendre jeunesse, aux séductions des hommes, goûtez le bonheur de vous trouver réunie au sein de vos pareilles, bonheur après lequel Mlle d'Eon, commandée par les circonstances, a soupiré si long-tems en vain.

Au reste, la secte anandrine n'est pas comme tant d'autres, qui ne font fondées que fur l'ignorance, l'aveuglement & la crédulité ; plus on en étudie l'hiftoire & les progrès, plus on augmente pour elle de vénération, d'intérêt & d'attachement. Ainfi donc, je vous en ferai voir d'abord l'excellence ; puis ( on pratique mal ce qu'on ne connoît pas bien : *la lettre tue & l'efprit vivifie* ;) je veux augmenter votre zele en l'éclairant, en vous apprenant l'importance & l'étendue de vos devoirs : enfin la récompenfe au bout du terme, eft ordinairement ce qui foutient l'athlete dans la carriere. Je vous en propofe une, non pas, comme tant d'autres, propre à fatisfaire uniquement l'orgueil, l'avarice, la vanité, mais à remplir votre cœur tout entier ; c'eft le plaifir. Je vous peindrai ceux que nous goûtons. Telle eft la divifion naturelle de ce difcours.

O Vefta ! divinité tutélaire de ces lieux, remplis-moi de ton feu facré; fais que mes paroles aillent fe graver en traits de flamme dans le cœur de la novice qu'il s'agit d'initier à ton culte : puiffe-t-elle s'écrier avec autant de fincérité & d'ardeur que Mlle d'Eon ! *Fem-mes, recevez-moi dans votre fein, je fuis digne de vous.*

## PREMIERE PARTIE.

L'excellence d'une inftitution fe détermine principalement par fon origine, par fon objet, par fes moyens, par fes effets.

L'origine de la fecte anandrine eft auffi ancienne que le monde. On ne peut douter de fa nobleffe, puifqu'une déeffe en fut la fonda-trice ; & quelle déeffe ! la plus chaf-te, dont l'élément, qui purifie tous les autres, eft le fymbole. Quel-que contraire que cette fecte foit aux hommes, auteurs des loix, ils n'ont jamais ofé la profcrire ; même le plus fage, le plus févere des

Législateurs l'a autorisée. Lycurgue avoit établi à Lacédémone
une école de tribaderie, où les jeunes filles paroissoient nues ; &
dans ces jeux publics, elles ap-
prenoient les danses, les attitudes,
les approches, les enlacemens ten-
tres & amoureux ; les hommes assez téméraires pour y porter les
regards, étoient punis de mort. On
retrouve cet art réduit en systè-
me, & décrit avec énergie dans
les poésies de Sapho, dont le nom
seul réveille ce que la Grece avoit
de plus aimable & de plus enchanteur. A Rome, la secte anandrine
recevoit dans la personne des Ves-
tales des honneurs presque divins.
Si nous en croyons les voyageurs,
elle s'est étendue dans les pays
les plus éloignés, & les Chinoises
sont les plus fameuses tribades
de l'univers. Enfin cette secte
s'est perpétuée sans interruption
jusqu'à nos jours ; point d'état, où
elle ne soit tolérée, point de re-

ligion où elle n'exifte, fauf la juive
& la mufulmane. Chez les Hé-
breux, le célibat étoit odieux, &
les femmes frappées de ftérilité
étoint déshonorées; mais cette
nation, toute terreftre & groffie-
re, n'avoit pour but que de *croître*
*& de multiplier*, et les Juifs devin-
rent un fi vilain peuple, que Dieu
fut obligé de le renier. Quant à la
religion mufulmane, on peut re-
garder encore les ferrails qu'elle
favorife, comme une tribaderie
mitigée.

Il eft vrai que l'objet de cette
inftitution, chez les Turcs, eft
moins de propager le culte de notre déeffe, que d'exiter la bruta-
lité du maître de tant de belles
efclaves renfermées enfemble pour
fes plaifirs. On raconte que le
Grand Seigneur actuel, lorfqu'il
veut procéder à la formation d'un
héritier de l'Empire, fait ainfi raf-
fembler toutes fes femmes, dans
un vafte fallon du ferrail deftiné

à cet ufage, & appellé, par cette raifon, la *piece des Tours*. Les murs en font peints à frefque, & toutes les figures de femmes de grandeur naturelle y repréfentent les poftures, les attitudes, les accouplemens et les grouppes les plus lafcifs. Les Sultanes fe déshabillent nues, fe mêlent, s'entrelacent, réalifent & diverfifient, fous les yeux du defpote blazé, ces modeles qu'elles furpaffent par leur agilité. Quand, l'imagination bien allumée par ce fpectacle, il fent fe ranimer fes feux engourdis, il paffe dans le lit de la favorite préparée à le recevoir, & opere des merveilles. En Chine, les vieux Mandarins fe fervent du même fecours, mais d'une maniere différente. Aux ordres de l'époux les actrices y font accouplées dans des bancs à jour; là, mollement fufpendues, elles fe balancent & s'agitent fans avoir la peine de fe remuer, & le paillard, les yeux

ardens, ne perd rien de ces fce-
nes lubriques, jufqu'à ce qu'il entre
lui - même en action. En ce fens,
même chez les Juifs maudits, la tribaderie fut introduite. Sans cet
ufage, qu'auroit fait Salomon de
fes trois mille concubines? & fuivant les anecdotes fecretes de
quelques Rabbins plus véridiques,
le Roi Prophête, le faint Roi Da-
vid, ne fe fervoit des jeunes Su-
namites, qu'il mettoit dans fon lit,
que pour ranimer fa chaleur pro-
lifique, en les faifant tribader par
deffus fon corps. Mais il faut l'a-
vouer, cette deftination, ce mê-
lange d'exercices mâles profanoit
une fi belle inftitution. C'eft en
Grece, c'eft à Rome, c'eft en France, c'eft dans tous les Etats ca-
tholiques, qu'on en faifit l'objet
en grand & dans fon véritable efprit. Dans les féminaires de filles
établis par Lycurgue, le vœu de
virginité n'étoit pas perpétuel;
mais elles s'y épuroient le cœur de

bonne heure, & habitant uniquement entre elles, jufqu'à ce qu'elles fe mariaffent, elles y contrac-
toient une délicateffe de fenfa-
tions, après laquelle elles foupi-
roient encore même dans les bras
de leurs époux ; & , quittes de leur
rôle qui les appelloit à la mater-
nité, elles revenoient toujours à
leurs premiers exercices. Rien de
fi beau, rien de fi grand que l'inftitution des Veftales à Rome. Ce
Sacerdoce s'y montroit dans l'appareil le plus augufte : garde du
Palladium, dépôt & entretien du
feu facré, fymbole de la confervation de l'Empire : quelles fuper-
bes fonctions ! Quel brillant deftin !
Nos monafteres du fexe dans l'Eu-
rope moderne, émanation du college des Veftales, en font le fa-
cerdoce perpétué, mais n'en préfentent plus malheureufement
qu'une foible image, par le mê-
lange de pratiques minutieufes &
de formules puériles. D'un autre

côté, les Vierges n'y font point af-
fujetties au fervile méchanifme de
l'entretien d'un feu matériel ; leur
rôle vraiment fublime eft de lever fans ceffe des mains pures
vers le ciel, pour en attirer les
bénédictions fur l'Empire. Si leur
ferveur s'éteint par une paffion
criminelle vers l'homme, dont la
preuve font les fuites trop palpa-
bles d'une défloration évidente, elles ne font pas punies de mort,
mais fubiffent des peines canoni-
ques plus terribles, vu leur rafi-
nement & leur durée. Comment
donc, malgré les périls qui l'envi-
ronnent, l'établiffement s'eft-il fou-
tenu? Par ces moyens fimples, fa-
ciles, efficaces, attrayans.

Une jeune novice eft-elle tour-
mentée d'un prurit libidineux de
la vulve? Elle a dans fa propre
organifation de quoi l'appaifer fur
le champ ; la nature l'y conduit
machinalement, comme dans toutes les autres parties du corps, où

elle lui fait porter les doigts, afin, par un agacement salutaire, d'en supprimer ou suspendre les démangeaisons. Lorsque, par cet exercice fréquent, les conduits irrités & élargis ont besoin de secours plus solides ou plus amples, elle les trouve dans presque tout ce qui l'environne, dans les instrumens de ses travaux, dans les ustenciles de sa chambre, dans ceux de sa toilette, dans ses promenades & jusques dans les comestibles. Par une heureuse confidence, ose-t-elle bientôt faire part de ses découvertes à une camarade aussi ingénue qu'elle? Toutes deux s'éclairent, s'aident réciproquement; elles s'attachent l'une à l'autre, elles se deviennent nécessaires, elles ne peuvent plus s'en passer; elles ne font qu'une ame & qu'un corps. Alors la vie ascétique leur paroit préférable à toutes les vanités du siecle; les haires, les cilices, ces instrumens de pénitence font convertis en inftrumens de volupté; les jours de difcipline générale & publique, fi effrayans pour les gens du monde, qui ne s'attachent qu'au nom, deviennent, par ces accouplemens multipliés, des orgies auffi délicieufes que les nôtres; car la flagellation eft un puiffant véhicule de lubricité, & c'eft fans doute des couvens que cet exercice eft paffé dans les écoles des courtifannes qui l'enfeignent à leurs éleves, comme un agent victorieux, propre à reffufciter au plaifir les vieillards & les libertins anéantis.

Quoi qu'il en foit, doux art de la tribaderie! tes effets font tels que la Nonnette quitte pour toi, biens, amis, parens, pere, mere; qu'elle renonce aux propriétés les plus riches, aux jouiffances les plus recherchées, aux affections les plus impérieufes, les plus innées dans le cœur de l'homme,

aux plaifirs de l'hyménée fi vantés, & qu'elle trouve dans toi la
félicité fuprême. Oh ! que tes
charmes font grands, que tes attraits font puiffans ! puifque tu
diffipes les ennuis du cloître, tu
rends la folitude raviffante, tu
transformes cette prifon odieufe
en palais de Circé & d'Armide.

En voilà fuffifamment, ma chere
fille, pour vous faire connoître
l'excellence de la fecte anandrine.
Je ne veux pas trop fatiguer votre attention; il eft tems de vous
en apprendre les devoirs, objet
le plus effentiel de ce difcours.

## SECONDE PARTIE.

Point d'inftitution humaine qui
n'ait pour objet ou l'utilité ou l'a-
grément; qui ne procure des avan-
tages, ou ne donne des jouiffances : il en eft qui réuniffent les
deux, & c'eft le comble de la fecte anandrine, envifagée fous le
point de vue fublime, où je vous

l'ai préfentée, dans la fondation du college des Veftales & des colleges religieux du fexe, qui lui ont fuccédé & font en honneur aujourd'hui dans notre rite. Il faut l'avouer, notre fociété, dont il s'agit en ce moment, ma chere fille, n'a pas ce dégré de mérite; elle n'a pour principal & unique but que le plaifir; mais, pour l'obtenir, il y a une marche, des moyens, des obligations, ou, pour tout dire en un mot, des devoirs à remplir. Les uns tendent à la confervation de la fociété, car fans elle, les effets manqueroient; les autres à en maintenir l'harmonie, car dans le trouble & le défordre on ne jouit point, ou l'on jouit mal; les derniers à l'étendre & à la propager, car rien de bien fait fans ce goût, cette ferveur, ce zele, qui, femblable à l'élément dont vous avez l'image fous les yeux, toujours en activité, gagne & abforbe tout ce qui l'environne.

Reprenons & développons ces trois vérités, afin de vous les bien inculquer dans la mémoire & dans le cœur.

Hommage d'abord à la fondatrice de notre culte, à Vesta, dont la statue constamment présente à nos assemblées & suspendue sur nos têtes, est le garant de sa protection toujours subsistante, de sa vengeance toujours prête à éclater contre les prévarications & les infidélités. Invoquons-la souvent, non par de vaines prieres, mais par des sacrifices & des libations. Point d'intempérie de langue : sagesse, réserve à l'égard de ce qui se passe dans nos assemblées ; discrétion, silence parfait sur les mysteres de la déesse, pour ne point éveiller la jalousie & l'envie ; soumission absolue à ses loix, qui vous seront expliquées, soit par celle occupant ma place dans les assemblées, soit par la mere aux soins de laquelle vous êtes confiée, & qui est

est chargée de vous diriger dans la vie privée; mais sur-tout guerre vive & déclarée, guerre perpétuelle aux ennemis de notre culte, à ce sexe volage, trompeur & perfide, ligué contre nous, travaillant sans relâche à détruire notre établissement, soit à force ouverte, soit sourdement, & dont les efforts & les ruses ne peuvent être repoussés que par le courage le plus intrépide, que par la vigilance la plus infatigable.

Au reste, il ne suffit pas qu'un édifice soit établi sur des fondemens solides & durables, qu'il soit écarté des élémens destructeurs, & défendu contre les dangers qui peuvent le menacer; il faut encore qu'il offre aux regards de belles proportions, un accord, un ensemble, le grand mérite des chefs - d'œuvres d'architecture. Il en est de même de notre édifice moral: la tranquillité, l'union, la concorde, la paix

D

en doivent faire le principal appui, l'éloge aux yeux des profanes; qu'ils ne voient en nous que
des sœurs, ou plutôt, qu'ils y ad-
mirent une grande famille, où il
n'y a d'autre hiérarchie que celle
établie par la nature même pour
sa conservation, & nécessaire à
son régime. La bienfaisance envers
tous les malheureux doit être une
vertu découlant de nos mœurs
douces & liantes, de notre cœur
aimant par essence; mais c'est à
l'égard de nos consœurs, de nos
éleves, qu'elle doit se déployer.
Communauté entiere de biens;
qu'on ne distingue pas la pauvre
de la riche; que celle - ci se plaise,
au contraire, à faire oublier à cel-
le-là qu'elle fut jamais dans l'in-
digence. Lorsqu'elle la produit
dans le monde, qu'on la remar-
que à l'éclat de ses vêtemens, à
l'élégance de sa parure, à l'abon-
dance de ses diamans & de ses
bijoux, à la beauté de ses cour-

fiers, à la rapidité de son char; qu'en la voyant on la reconnoisse, on s'écrie: c'est une éleve de la secte anandrine! voilà ce que c'est que de sacrifier à *Vesta!* C'est ainsi que vous en attirerez d'autres, que vous ferez germer dans le cœur de vos pareilles, qui l'admireront, le desir, en l'imitant, de jouir de son sort.

Ce zele expansif pour la propagation du culte de la déesse, doit principalement dévorer une tribade véritable; elle voudroit que tout son sexe, si c'étoit possible, participât au même bonheur qu'elle; du moins telles sont toutes celles que j'envisage ici, & dont une énumération rapide contribuera, ma chere fille, à votre édification, plus que tout ce que je pourrois ajouter sur cette matiere.

Vous voyez d'abord deux femmes de qualité, philosophes (*),

_______________________

(*) Mad. la Duchesse de *Urbsrex* & Mad. la Marquise de *Terracenés.*

s'arrachant à l'éclat & aux honneurs de la Cour, aux attraits plus
enchanteurs des hautes fciences,
qu'elles cultivent avec tant de
goût & de fuccès, pour venir dans
nos affemblées, imiter la *fimplicité
de la colombe*, cet oifeau fi cher à
Venus, fi ardent dans fes combats.

A côté d'elles eft la femme d'un
magiftrat, fi-non célebre, au moins
fameux, pendant plufieurs années (*); mais qui, dédaignant de
s'affocier à la renommée de fon
mari, s'arrachant aux careffes con-
jugales, aux délices de la mater-
nité, s'eft élevée au-deffus de tout
refpect humain, afin de fe livrer,
avec plus de recueillement & fans
relâche, au culte de notre fociété
& à fes travaux.

Sa voifine eft une Marquife (**)

---

(*) M. de Furiel a été Procureur-général
pendant toute la durée du Parlement Mau-
peou, & l'on peut fe rappeller combien il a
fait parler de lui.

(**) Mad. la Marquife de *Techul.*

adorable, luttant| avec elle d'en-
thoufiafme pour la fecte anandrine; bravant tous les préjugés,
franchiffant dans les brûlans accès de fa nymphonamie, ce que
les indévots à notre culte appel-
lent toutes les bienféances, toute honnêteté publique, toute pu-
deur; comme le maitre des dieux,
fubiffant même quelquefois les mé-
tamorphofes les plus obfcures (*)
pour faire des profélytes à la
déeffe.

Celle, dont le front eft ceint
d'une double couronne de myr-
thes & de lauriers, eft la Melpomene moderne, l'honneur du théâtre françois (**), qui, depuis près
de trois luftres qu'elle s'en eft re-
tirée, y a laiffé un vuide non encore rempli & peut-être irrépara-

---

(*) On a vu quelquefois Mad. de Téchul
fe traveftir en femme de chambre, en coëffeufe, en cuifiniere, pour parvenir auprès des
objets de fa paffion.

(**) Mlle Clairon.

D 3

ble. Aujourd'hui, chargée de l'inftitution du fils d'un Souverain (*), elle voit à fes pieds les Grands de cette Cour. Trop inftruite par une longue expérience, par des maladies cruelles, du danger du commerce des hommes, elle en dédaigne & les hommages & les foupirs. Sous prétexte de former fon pupille, elle partage fon tems entre le féjour de la Germanie & de cette capitale : elle vient fe délaffer de fes importantes occupations dans notre fein, avec une ferveur toujours nouvelle.

Nous poffédons encore fa digne émule, la Melpomene de la fcene lyrique (**) : grande actrice, elle étoit en outre cantatrice délicieufe ; elle nous paffionnoit par les accens de fa voix enchantereffe : efprit enjoué & malin, elle répand avec autant de facilité que de

---

(*) Un Prince d'Allemagne, un Margrave.
(**) Mlle Arnould.

graces, les bons mots, les faillies, les farcasmes. Entourée de ce que la ville & la Cour avoient de plus féduifant, elle a fuccombé à fon tour. Aujourd'hui c'eft une brebis égarée, rentrée au bercail de la déeffe : dans la maturité de l'âge, elle cherche à faire oublier les égaremens de fa jeuneffe.

Vous pafferois-je fous filence, illuftre étrangere (*), & l'amitié qui nous lie m'empêcheroit-elle de vous rendre juftice, de publier comment vous avez préféré aux bienfaits, à l'amour d'un Prince, frere d'un grand Roi (**), les af-fections plus douces & plus vives de votre fexe? Vous avez re-pouffé fes embraffemens auguftes pour mes embraffemens.

Vous ne ferez point oubliée, novice prématurée (***), qui profi-

_________________________

(*) Mlle Souck, Allemande.
(**) Mlle Souck étoit entretenue par un frere du Roi de Pruffe.
(***) Mlle Julie, jeune tribade, formée par Mlle Arnould & Mlle Raucourt.

tant des grands exemples qui vous étoient offerts, avez marché à pas de géant dans la carriere, & avant l'âge avez mérité de monter au premier degré.

Je crois, fans amour-propre, pouvoir me citer après tant d'autres, & ne feroit-ce pas faire injure au choix de l'affemblée, fi, nommée par elle pour la préfider, je m'avouois fans talent & fans capacité? On fait le facrifice que je viens de faire tout récemment (*), pour me livrer toute entiere au penchant qui m'a toujours dominée, & dont je fais gloire.

Tels font, ma chere fille, les grands modeles que vous avez à imiter. Vous y ferez encore mieux encouragée, quand je vous aurai

______

(*) Mlle Raucourt venoit de quitter M. le Marquis de Bievre, non fans l'avoir plumé confidérablement. Il lui avoit affuré une rente viagere de 12000 liv. ce qui la faifoit appeller par ce Seigneur calambourifte, *l'ingrate Amaranthe*. (l'ingrate à ma rente.)

fait la peinture des plaifirs qu'on goûte dans notre fociété.

## TROISIEME PARTIE.

Par la malheureufe condition de l'efpece humaine, nos plaifirs font pour l'ordinaire paffagers & trompeurs : ils font au moins futiles, vains & courts. On les pourfuit, on les obtient avec peine, on en jouit avec inquiétude, & ils entrainent le plus fouvent après eux des fuites funeftes. A ces caracteres on reconnoit principalement ceux que l'on goûte dans l'union des deux fexes. Il n'en eft pas de même des plaifirs de femme à femme : ils font vrais, purs, durables & fans remords. On ne peut nier qu'un penchant violent n'entraine un fexe vers l'autre ; il eft néceffaire même à la réproduction des deux ; & fans ce fatal inftinct, quelle femme de fang-froid pourroit fe liver à ce plaifir, qui commence par la douleur, le fang & le car-

nage ; qui eſt bientôt ſuivi des an-
xiétés, des dégoûts, des incommo-
dités d'une groſſeſſe de neuf mois ;
qui ſe termine enfin par un accou-
chement laborieux, dont les ſouf-
frances font la meſure, & le point de
comparaiſon de celles dont on ne
peut calculer ou exprimer l'excès ;
qui vous tient pendant ſix ſemaines
en danger de mort, & quelquefois eſt ſuivi, durant toute une
longue vie, de maux cruels & in-
curables. Cela peut-il s'appeller
jouir ? Eſt-ce là un plaiſir vrai ?
Au contraire, dans l'intimité de
femme à femme, nuls préliminaires effrayans & pénibles, tout eſt
jouiſſance : chaque jour, chaque
heure, chaque minute, cet attachement ſe renouvelle ſans inconvénient : ce ſont des flots d'amour,
qui ſe ſuccedent comme ceux de
l'onde, ſans jamais ſe tarir ; ou,
s'il faut s'arrêter dans ce délicieux
exercice, parce que tout a un terme, & qu'à la fin le phyſique ceſſe

de répondre aux épanchemens de deux ames si étroitement unies, on se quitte à regret, on se recher-che, on se retrouve, on recom-mence avec une ardeur nouvelle, loin d'être affoibli, irrité par l'in-action.

Les plaisirs de femme à femme font non-seulement vrais, mais encore purs & sans mélange. In-dépendamment des maux physi-ques, précédant, accompagnant & suivant les plaisirs de cette es-pece entre homme & femme, d'où l'on peut leur refuser juste-ment la qualification de vrais, il est des maux que j'appelle mo-raux, parce qu'ils affectent l'ame spécialement, qu'ils troublent & empoisonnent ces jouissances. Je ne parle pas des combats conti-nuels imposés dans nos mœurs à une jeune fille, pour recéler, dis-simuler sa passion; pour repousser les caresses d'un homme aimable, qu'elle provoqueroit, qu'elle aga-

ceroit, entre les bras de qui elle
fe précipiteroit fi elle cédoit à l'im-
pulfion de fon cœur. Je fuppofe,
ce qui n'arrive que trop frequem-
ment, qu'elle ait fuccombé; la
voilà dans les raviffemens, dans
les extafes: ne faut-il pas qu'elle
ufe de ftratagême, afin d'éviter la
fin même de la nature, la concep-
tion? Si elle s'oublie une feconde,
il eft trop tard, elle porte dans
fon propre fein le témoin de fa
faute, un accufateur qui la con-
fond. Que de foins, que d'in-
quiétudes, que de tourmens, fi
elle veut dérober ce fatal myftere! & faffe le ciel, qu'afin d'é-
viter le déshonneur, elle ne foit
pas forcée de recourir au plus af-
freux des crimes!

Je fais que, dans l'hyménée,
ces inconvéniens font fupprimés;
mais il en entraîne d'autres: le
plus grand & le plus inévitable,
c'eft le dégoût du mari. La facilité,
la répétition de la jouiffance de

l'objet le plus enchanteur, raffafient l'homme à la longue, à plus forte raifon quand il eft époux, c'eft-à-dire, attaché par un lien indiffoluble; & que le plaifir eft pour lui un devoir. C'eft ce qu'avouoit un de nos agréables (*) les plus vantés, qui croyoit ne perfiffler qu'en Petit-maître, & parloit en Philofophe. Poffeffeur d'une femme, au printems de l'âge, réuniffant tous les attraits, toutes les graces, tous les talens, toutes les vertus, lorfqu'on lui reprochoit de la délaiffer pour des proftituées, il répondoit : *Rien de plus vrai ; mais elle eft ma femme.*

Sans doute il eft des confolateurs & des confolations pour une pareille Ariadne. Les plaifirs furtifs & défendus n'en font que plus attrayans; encore faut-il que le mari ne foit pas un de ces *eunuques au milieu du ferrail, n'y faifant*

______

(*) M. de Monville.

*rien & nuifant à qui veut faire* (*), que la jaloufie ne s'en mêle pas; autrement c'eft un enfer. Cette paffion peut exifter auffi entre tribades: elle eft même inféparable de l'amour; mais quelle différence, puifqu'elle ne fert chez nous qu'à l'aiguifer, & tourne prefque toujours au profit de la jouiffance! Oui, c'eft ce fentiment qui donne à nos plafirs une folidité, une durée, dont ceux des hommes ne font pas fufceptibles.

En effet, imaginons la femme la plus chérie & la mieux fêtée de fon époux ou plutôt de fon amant? A chaque careffe qu'elle en reçoit, elle doit craindre que ce ne foit la derniere, au moins y eft-elle un acheminement. Les baifers décolorent le vifage, les at-

---

(*) *C'eft un ennuqué au milieu du ferrail,*
*Qui n'y fait rien & nuit à qui veut faire.*

Tout le monde connoit l'épigramme de Piron qui finit ainfi.

touchemens flétriſſent la gorge, le ventre perd ſon élaſticité par les groſſeſſes ; les charmes ſecrets ſe délabrent par l'enfantement. Par quelle reſſource la beauté ainſi dégénérée, rappellera-t-elle l'homme qui la fuit ? Je me trompe, il lui eſt toujours attaché : il n'a point ceſſé de l'aimer, le cœur brûle encore pour elle ; mais la nature s'y refuſe ; elle eſt dans la langueur, dans la froideur, dans l'engourdiſſement : tout l'hommage qu'il peut rendre à ſon amante, c'eſt de ne lui être point infidele, c'eſt de ne point chercher à retrouver ailleurs ſes facultés. Cruel état pour tous deux ! Perſpective affligeante pour l'amour - propre d'une femme, qui, ſeule, quand je ne connoîtrois pas les caprices, la fauſſeté, les trahiſons, les noirceurs des hommes, me feroit renoncer à jamais à leur commerce !

Chez les tribades, point de ces contradictions entre les ſentimens

& les facultés : l'ame & le corps marchent ensemble ; l'une ne s'élance pas d'un côté , tandis que l'autre se porte ailleurs. La puissance suit toujours le desir. De là, sans doute, sans approfondir davantage la cause de notre constance, recevant & donnant toujours du plaisir, pourquoi changer? Car, il faut l'avouer & être juste, l'inconstance découle de la constitution, de l'essence même de l'individu viril. Il est souvent nécessité de quitter ; la diversité des objets lui est d'une ressource infinie : il double, il triple, il quadruple, il décuple ses forces : il fait avec dix femmes ce qu'il lui feroit impossible de faire avec une. Cependant il foiblit insensiblement ; l'âge le mine & l'use. Il n'en est pas de même de la tribade , chez qui la nymphomanie s'accroît en vieillissant. C'est une fureur : elle devient alors de *succube* , *incube*; c'est-à-dire de patiente , agente.

Elle monte au grade de mere, & forme une eleve à son tour. Ce choix mérite beaucoup de soin. Est-il fait, a-t-elle trouvé l'objet qui lui convient, cette autre moitié d'elle - même, à laquelle elle s'unit bientôt par sympathie, elle ne l'abandonne plus; elle veille sur elle avec cette jalousie douce & inquiete, que donne ordinairement la crainte de perdre un bien unique & précieux, & qui tient plutôt de la tendresse maternelle, que de cette passion effrénée des hommes. Aussi ce sentiment chez une tribade, bien loin d'éloigner d'elle son éleve, la lui attache de plus en plus & rend leur amour imperturbable. Mais des plaisirs ainsi continués sont encore sans aucun remords, & c'est là le comble de la félicité. Comment en aurions-nous? Le plaisir de la tribaderie nous est inspiré par la nature: il n'offense point les loix; il est la sauve-garde de

E

la vertu des filles & des veuves;
il augmente nos charmes, il les
entretient, il les conferve, il en
prolonge la durée; il eft la con-
folation de notre vieilleffe ; il feme
enfin également de rofes fans épi-
nes, & le commencement & le
milieu & la fin de notre carriere.
Quel autre plaifir peut être affi-
milé à celui-là? Hâtez-vous, ma
chere fille, de le goûter; puif-
fiez-vous après l'avoir reçu long-
tems, long-tems le communiquer
auffi, & toujours répéter avec le
même goût: *Femmes! confervez-moi
dans votre fein : je fuis digne de vous.* ,,

Après le difcours, la déeffe re-
monta & difparut ; l'on retira les
poftes, les gardiennes, les *Thuri-
feres* : on laiffa s'éteindre le feu
& l'on paffa au banquet dans le
veftibule. Cependant les profanes
ne pouvoient y venir pour fervir,
& l'on paffoit les uftenciles de
table, les plats, les vins &c. par
des tours où les novices les pre-

noient & faisoient le service. Au
dessert l'on but les vins les plus
exquis, sur-tout des vins grecs;
on chanta les chansons les plus
gaies & les plus voluptueuses, la
plupart tirées des opuscules de
Sapho; enfin, quand toutes les
tribades furent en humeur & ne
purent plus se contenir, on réta-
blit les postes; on ralluma le feu,
& l'on passa dans le sanctuaire pour
en célébrer les grands mysteres &
faire des libations à la déesse, c'est-
à-dire qu'alors commença une véritable orgie...

Depuis près de quinze mois je
résidois dans la petite maison de
Mad. de Furiel: j'y étois entretenue dans l'appareil du luxe le
plus propre à satisfaire la vanité,
ma passion favorite; d'ailleurs,
je nageois dans tous les délices,
dans tous les plaisirs: mon édu-
cation étoit fort avancée, non-
seulement par rapport aux premiers élémens, mais encore dans

les arts d'agrément, Je ne parlois plus le langage du village; je cou-sois, je brodois, je faisois de la tapisserie, du filet; je dansois avec grace, je chantois proprement; je pinçois de la harpe. Ces occupations diversifiées remplissoient mes loisirs, & les jours couloient rapidement. Il ne me manquoit rien en apparence; je me croyois la plus heureuse des femmes, lorsqu'une aventure bizarre me fit connoître la félicité suprême, & me plongea bientôt dans un abyme de maux.

La fameuse Bertin, marchande de modes de Mad. de Furiel, avoit ordre de me fournir tous les ajustemens de son ressort, & notre correspondance étoit fréquente. Une demoiselle de boutique affidée, alloit & venoit entre nous. Celle-ci profitoit de ses courses, pour se rendre, à la dérobée, chez son amant: c'étoit un coëffeur, nommé Mille, très joli garçon, tout

jeune, d'une taille moyenne, &
qu'à fa fraîcheur, à fon coloris
vermeil, on auroit pris volontiers
pour une fille. Dans fes vifites,
il étoit naturel que fa maîtreffe
l'entretînt de l'objet qui lui procu-
roit la félicité d'avoir avec lui des
entrevues fréquentes : elle lui en
parla fi fouvent, & avec tant d'éloges de ma figure & de mes charmes, qu'elle lui alluma l'imagination, & qu'il devint amoureux de
moi fur la feule defcription. Sa
paffion fe fortifia tellement, qu'il
n'y put tenir, & réfolut de juger
par lui-même de celle qu'il ne
connoiffoit encore qu'en idée. Il
s'y prend adroitement : il fait porter fa curiofité moins fur moi que
fur ma façon d'être, que fur le
local que j'habitois : il propofe à
cette ouvriere, un jour qu'elle
aura quelque mode à m'apporter,
de le laiffer fe traveftir fous fes
habits , & de la lui confier. Sa
maîtreffe, bien fêtoyée jufques là ,

E 3

ne conçoit aucun soupçon, & dupe de cette tournure, elle y consent. Quelques jours après, Mlle Bertin l'ayant chargée d'un chapeau pour moi, elle va trouver Mille, elle lui arrange sa baigneuse, son manteau de lit & tous les autres accessoires féminins nécessaires à son déguisement, puis il prend à deux mains le carton énorme qui contenoit le chapeau, & part, tandis qu'elle se met dans son lit pour l'attendre. Il arrive ; on l'introduit auprès de moi. A son aspect je témoigne ma surprise de voir un nouveau visage. La prétendue fille de modes me répond que sa camarade est malade & qu'elle est chargée de son département. Au surplus, elle se félicite de l'événement : elle a vu bien des dames, bien des demoiselles, elle en voit tous les jours ; mais jamais rien d'aussi charmant : c'est à juste titre qu'on appelle le lieu où j'habite un temple, puisque je suis une divinité. La louange est le poison

de l'homme, à plus forte raifon
de la femme, & le mien par deffus tout. Cette oraifon, prononcée
du ton affectueux d'une dévote qui
feroit au pied de l'autel, me plut
finguliérement. Je prenois du cho-
colat: j'ordonnai qu'on en appor-
tât une feconde taffe pour fon dé-
jeûner, & je me mis à caufer avec
l'ouvriere que je trouvois pleine
d'efprit & de fenfibilité.

Dans le courant de la converfation elle me parla en ces termes:
„ Vous me paroiffez, Mademoi-
„ felle, jouir du fort le plus for-
„ tuné, tel que vous le méri-
„ tez ; cependant je trouve qu'il
„ manque une chofe effentielle à
„ votre félicité. Je fuis fâchée de
„ vous voir fevrée du commerce
„ des hommes. Affurément je
„ n'aime point ce fexe, je n'ai
„ jamais eu la moindre intimité
„ avec aucun être mâle; je n'en
„ ai nullement le goût, & je ne
„ penfe pas qu'il me vienne ; mais

„ on peut faire autre chose que
„ de coucher avec eux. Enfin,
„ c'est la moitié du genre humain
„ pour laquelle nous sommes fai-
„ tes. Pourquoi vous priver de
„ tant d'hommages que vous re-
„ cevriez d'eux? Votre amour
„ propre ne seroit-il pas satisfait
„ de voir à vos genoux tous ces
„ roués aimables, dont abondent
„ & la Cour & la ville; de ven-
„ ger, par vos dédains, les autres
„ femmes crédules dont ils abu-
„ sent tous les jours? “ Et sur
ce que je lui répondis en riant
qu'elle ne disoit pas vrai, qu'elle
m'avoit l'air d'une grande liber-
tine, „ Non, continua-t-elle, je
„ vous parle comme si j'étois aux
„ pieds de mon Confesseur, je n'ai
„ point d'amant, je suis confor-
„ mée même de façon à ne pou-
„ voir guere goûter le commerce
„ des femmes. Entre nous autres,
„ nous n'avons rien de caché: si
„ vous voulez, je vous montrerai

„ quelque chofe de fort extraor-
„ dinaire. Je fouhaiterois bien que
„ vous m'eftimaffiez digne d'être
„ attachée à vous, ou comme
„ ouvriere, ou comme coëffeufe,
„ ou comme femme de chambre :
„ comptez que vous n'aurez jamais
„ été fi bien fervie „

Cette liberté, cette aifance de
la part d'une fubalterne, que je
voyois pour la premiere fois, qui
m'auroient indignée peut-être contre une autre, me plurent dans
celle-ci, fans doute par une fym-
pathie fecrete, dont je reffentois
déja les effets fans en connoître
la caufe, furtout quand, s'appro-
chant de moi, me prenant les
mains, les careffant, les baifant,
elle m'ajoute : „ Allons, laiffez-
„ vous toucher; foyez ma petite
„ maîtreffe, ma fouveraine; re-
„ cevez-moi fous votre loi; “ je
me fentis dévorée d'un feu bien
plus violent que tout ce que j'avois
éprouvé jufqu'alors; mais, ne pa-

roiſſant encore que céder à la cu-
rioſité , je vais à la porte, je ferme le verrouil & lui dis en revenant: „ Voyons donc cette mer-
„ veille, ce que vous ſavez faire.„
Elle joue un moment de timidité;
elle rappelle l'intervalle qu'il doit y
avoir entre une ouvriere & moi;
elle s'étonne elle même de ſon
effronterie: il ne faut l'attribuer
qu'à l'excès de la paſſion que lui
ont tout à coup inſpiré mes charmes: puis, bientôt devenue plus
hardie, elle couvre ma gorge de
ſes baiſers, prend ma main & la
porte doucement à.... „ Monſtre,
„ m'écriai-je ,tu es un homme, &
„ je ſuis perdue. „ Cependant ma
main, retenue par une force ma-
gnétique, ne lâchoit point priſe;
même pour arrêter la ſienne qui
faiſoit des progrés & me rendoit
les titillations raviſſantes que je
procurois au téméraire, en ſorte
que nous conſommâmes tous deux
réciproquement notre ſacrifice en-

femble, mais avec un tel fpafme
de ma part, que j'en reftai en
fyncope. Ayant bientôt repris fa
premiere vigueur, il profite de
mon état pour entrer dans la route du vrai bonheur, & me livrer
un affaut fi terrible, que la douleur me rappella à la vie, J'allois
crier, lorfque le plaifir fait expi-
res ma plainte fur mes levres.
Quand, après plufieurs extafes
répétées prefque coup fur coup,
j'eus le loifir de me reconnoître
& de parler, je voulus favoir à
qui j'avois eu à faire, & comment il avoit ourdi cette intrigue.
N'ofant m'avouer quel il étoit,
Mille me fit une hiftoire : il fe
dit fils de Mad. de Furiel. M'ayant
apperçue plufieurs fois dans le
carroffe de fa mere aux boulevards
& dans fa loge aux fpectacles, il
s'eft fenti jaloux d'elle ; il eft de-
venu amoureux fol de moi : ne fa-
chant ni comment m'entretenir,
ni comment me voir, inftruit de

l'impoſſibilité de parvenir à moi ſous ſa forme ordinaire, il a imaginé de corrompre quelqu'une de mes ſurveillantes. Ayant encore échoué, il s'eſt retourné du côté des ouvrieres de mon ſervice, & il bénit l'amour de lui avoir ſuggéré ce ſtratagême qui lui a réuſſi complétement. Il eſtime toutefois prudent que l'agente de ſon ſuccès l'ignore : il va lui dire que j'ai été inexorable, & qu'il perd tout eſpoir. je dois, de mon côté, ne faire aucun reproche à la demoiſelle & garder le plus profond ſilence. Il va ſe faire faire des habits de femme, & il s'introduira déſormais de lui-même, aux heures & de la maniere que je lui indiquerai. Je ne puis qu' approuver ces ſages réſolutions, & je le quitte, non ſans lui témoigner mon deſir de le revoir bientôt.

Mon premier ſoin fut de prétexter une incommodité, afin de me ménager quelques jours de

repos, & par des lotions doucement aftringerntes, de dérober à
la connoiſſance de Mad. de Furiel les veſtiges des ravages que
le monſtre m'avoit cauſés. A ce
ſoin dut bientôt en ſuccéder un
autre non moins eſſentiel: j'eus
des vomiſſemens, des malaiſes,
tous les ſimptômes de la groſſeſſe;
des ſuppreſſions ſur-tout, impoſ-
ſibles à cacher à mes femmes, qui
en rendirent compte à Mad. de
Furie, & l'alarmerent ſur mon
état: mais le plus difficile étoit
de ſoutenir deux copulations, dont
l'une m'étoit devenue également
inſipide & fatigante, par les efforts de l'autre trop attrayante,
à laquelle ſe livroient avec emportement toutes mes facultés.
Vous concevez que ces divers in-
cidens ne pouvoient que préparer
une femme ſi clairvoyante, à la
découverte d'un myſtere qui devoit éclater tôt ou tard.

De ſon côté, Mille, fort embarassé à son retour, de témoigner à sa maîtresse sa reconnoissance telle qu'il en avoit la coutume, & telle qu'elle l'attendoit, fut obligé d'avoir recours à quelque mensonge, & de la laisser sortir du lit comme elle y étoit entrée. Elle se consola dans l'espoir que cela iroit mieux une autre fois. Même anéantissement ; elle ne put plus douter de son refroidissement, & que ce refroidissement ne vînt de quelque autre allure. Il s'agit de la découvrir. Ses soupçons ne portoient nullement sur moi, depuis ma réticence absolue, d'après ce que lui avoit dit son amant, d'après la persuasion où elle étoit qu'il n'étoit venu chez moi qu'une fois & sur-tout d'après le peu d'analogie qu'il devoit y avoir entre un coëffeur & une demoiselle aussi richement entretenue. Sans le hazard elle auroit donc été long-tems à espionner. Un matin qu'elle venoit m'apporter quelques modes, elle voit de loin sortir une fille, ressemblant beaucoup à Mille. Celui-ci ne pouvoit la distinguer dans sa Thérèse. Elle veut s'éclaircir: elle suit par derriere la fille déguisée ; elle se confirme dans son idée, lorsqu'elle la voit entrer dans la rue, dans la maison, dans la chambre de Mille. Elle frappe, on ne répond point ; elle regarde par le trou de la serrure, elle le voit occupé à se déshabiller. Elle frappe plus fort ; il répond qu'on attende un moment. Enfin il ouvre. Quelle surprise lorsqu'il trouve sa maîtresse ! il rougit ; il lui demande excuse ; mais il ne savoit qui c'étoit. Il sort de son lit ; il a été incommodé toute la nuit ; il n'a eu que le tems de passer une robe de chambre. Elle n'est plus dupe de tous ses mensonges, dont elle connoît la fausseté ; elle trouve d'abord sur lui-même, sur sa chemise, des indices de son infidélité ; elle furete ensuite, & reproduit à ſes yeux l'habillement qu'il vient de quitter & dépoſant trop bien contre lui; elle fait ſemblant encore d'ignorer d'où il ſort. Elle veut le ſavoir, elle ne lui accordera ſa grace qu'à ce prix. Toute cette recherche étoit accompagnée d'un torrent d'injures, d'invectives, de menaces qui effraient; il avoue tout pour en être quitte. Elle n'a plus rien à apprendre, elle ſort redoublant de fureur, & lui ſouhaite, pour dernier adieu, que Mad. de Furiel inſtruite de ſa perfidie, lui en paie inceſſament le ſalaire, & le faſſe aſſommer dans les bras de ſa conquête. Elle ne s'en tient pas à ce pronoſtic; ayant laiſſé à l'infidele quelques jours de repentir, ſans qu'il en profite, elle ſe rend chez Mad. de Furiel, & l'inſtruit de ce qui ſe paſſe. Cette dénonciation, jointe à ce qui avoit précédé, eſt un coup de lumiere pour celle-ci, qui ne doute plus d'être ma dupe; mais elle en veut

acquérir

acquérir la preuve plus certaine. Elle avoit eu soin de se faire donner le signalement le plus exact de ce garçon travesti en fille. Elle s'en informe aux surveillantes, dont le rapport est parfaitement semblable. Elle donne ordre, la premiere fois que cette fille viendra, de la laisser passer sans aucune difficulté; mais de venir l'avertir sur le champ. L'occasion ne tarda pas à se présenter d'obéir à Mad. de Furiel: on court l'instruire; elle arrive. Nous étions enfermés dans mon boudoir; elle en fait enfoncer les portes. Nous avions eu le tems de nous remettre en posture décente; mais trop d'indices nous trahissoient; notre silence, notre stupeur sur - tout, nous ne pouvions articuler une parole. Elle s'adresse à moi & s'écrie: „Mal-„heureuse, voilà donc comme tu „tiens tes engagemens, tes fer-„mens? Voilà comme tu recon-„nois mes soins, tu payes mes

F

„bienfaits , tu me rends amour
„pour amour! ingrate , as-tu pu
„t'oublier à ce point? Et dans
„quels lieux? Dans des lieux où
„tout auroit dû te rappeller à la
„reconnoiſſance, & te reprocher
„ton crime; où tu ne pouvois fai-
„re un pas, porter un regard,
„étendre ta main, au loin, de près
„autour de toi, ſur toi, ſans ren-
„contrer des marques de ma foi-
„bleſſe & des preuves de ta per-
„fidie! Comment n'as-tu pas craint
„que cette ottomane même, théâ-
„tre infâme de tes plaiſirs, ne s'a-
„nimât tout-à-coup, ne ſe ſoule-
„vât d'indignation, pour rejeter
„de ſon ſein celle qui la ſouilloit,
„qui la preſſoit par une proſtitu-
„tion abominable, dont jusques-
„là elle n'avoit jamais été le témoin
„& la complice ? . . . . Au reſte,
„c'eſt ma faute. Que pouvois-je
„attendre d'une fille, née de la
„boue, dont l'ame auſſi baſſe que
„ſon origine, devoit néceſſairement

,, s'en reſſentir.,, Alors elle ſe tut,
oppreſſée par la vivacité de ſon apo-
ſtrophe ; elle verſa des pleurs, non
de tendreſſe, mais de déſeſpoir &
de rage. Cependant j'étois revenue de ma premiere frayeur , &
lui dis : ,, Madame, je ne ferai
,, point de menſonge ici. Je ne dé-
,, ſavouerai pas ma faute, trop prou-
,, vée, que vous appellez un crime,
,, Si c'en eſt un , c'eſt celui de la na-
,, ture, c'eſt le vôtre. Vous ſavez par
,, votre propre expérience, qu'on
,, ne peut ſe ſouſtraire à ſon pen-
,, chant, que les promeſſes ni les
,, ſermens ne peuvent rien contre
,, elle ; que tôt ou tard elle reprend
,, ſon empire ; mais je me défendrai
,, du crime plus réel d'ingratitude.
,, Ce ſentiment n'eſt point dans
,, mon cœur, il eſt loin de moi.
,, Je ſuis pénétrée de vos bontés ;
,, je m'en ſouviendrai toute ma vie;
,, je voudrois les payer de mon
,, ſang , & ſi mes ſervices vous
,, ſont agréables, je conſens à vous

F 2

„les rendre jufqu'à mon dernier
„foupir, à être votre efclave :
„mais c'eft tout ce que je puis
„faire, & je renonce autrement
„à tous vos bienfaits. Au furplus
„vous voyez que je n'ai point fait
„un choix indigne, & dont vous
„ayiez à rougir. *C'eft le fort de mon
„fang de s'enflammer pour vous :* j'ai paf-
„fé des bras de la mere dans ceux
„du fils... Mon fils! qu'entends-
„je? répond |avec fureur Mad.
„ de Furiel, jetant un regard terri-
„ble fur Mille. Eft-ce que le fcé-
„lérat auroit eu l'impudence d'i-
„maginer une pareille fable? Mon
„fils! un vil coëffeur...! „ A ces
mots Mille, fentant qu'il n'y avoit
plus à reculer, que tout le myftere étoit dévoilé, fans lui répondre, fe précipite à mes genoux,
convient de fa fupercherie, m'en
demande pardon, la rejette fur la
crainte de me déplaire par un
nom obfcur & fa profeffion d'ar-
tifan; cherche fon excufe dans

son amour, & se croit pardonné
puisqu'il m'a [plu. Frappée de cette découverte, je n'avois pas encore ouvert la bouche, mais mon
silence ne pouvoit s'interprêter
que favorablement. Mad. de Furiel,
au comble de la rage, continue &
termine de la sorte : „ Je pourrois
„ vous faire infliger sur le champ
„ la punition que vous méritez tous
„ deux ; mais vous êtes des créatu-
„ res trop méprisables à mes yeux,
„ pour que je m'abaisse à la vengean-
„ ce. Qu'on la dépouille de tout ce
„ qui m'appartient ; qu'on lui ren-
„ de ses habits de paysanne ; qu'on
„ la mette à la porte avec son gre-
„ luchon, & qu'elle aille bientôt
„ obtenir ailleurs la correction ré-
„ servée à ses pareilles. „ On exé-
cute les ordres de ma bienfaitrice.
je ne me déconcerte point, &
d'un grand sang-froid je prens Mille
sous le bras. „ Allons, mon ami,
„ lui dis - je, je te pardonne ta ruse
„ & la perte de ma fortune ; tu as

„de quoi m'en dédommager ; tu
„vaux mieux que tout ce qu'on
„m'ôte. Sortons au plutôt de cette
„moderne Sodôme, avant que la
„foudre du ciel tombe & l'écrafe.„

Le coëffeur me conduit à fon
appartement ; il m'y recueille, il
prend foin de moi. Cela va le mieux
du monde pendant quelques jours,
& peut-être aurions-nous vécu
long - tems heureux enfemble,
fans la fille de mode, fa premiere
maîtreffe. Outrée de perdre le
fruit de fa méchanceté, de voir
qu'elle a tourné contre fes propres
vues, & au lieu de nous féparer,
nous a réunis plus étroitement,
fa jaloufie s'accroît au point de
venir fouvent nous faire des fce-
nes, des algarades qui alarmoient
les voifins de Mille. Ils me prennent pour une catin des rues ; ils
en portent des plaintes au Com-
miffaire, & une belle nuit on
vient m'arracher du lit de mon
amant, pour me conduire à Saint-
Martin.

Je ne vous peindrai point en détail, cette prison confacrée aux femmes de mauvaife vie, féjour auffi horrible que dégoûtant. Il fuffira de vous la repréfenter comme la fentine de tous les vices, le théâtre de toutes les impudicités, où fe débitent toutes les ordures, toutes les groffiéretés, tous les juremens, tous les blafphêmes de la débauche la plus crapuleufe, & par fois la plus énergique. Heureufement ce n'eft qu'un dépôt, un lieu de paffage, pour aller à ce que nous appellons *la grande maifon*, c'eft à dire l'hôpital général. Il n'eft fans doute aucun de vous, Meffieurs, qui n'ait lu le court & magnifique éloge qu'en fait Mad. Gourdan, dans le chef-d'œuvre d'éloquence érotique qu'on a jugé digne d'être tranfmis à la poftérité : il faut toutefois beaucoup rabattre de fon enthoufiafme. Ce lieu de correction, quoi qu'elle en dife, tout auffi abominable que le premier, ne feroit pas moins fufceptiple de corrup-tion & au phyfique & au moral, fi d'une part, il n'étoit plus vafte & plus aéré, & fi, de l'autre, un Miniftre patriote n'avoit imaginé, d'appliquer au travail tant de mains criminelles, & en préfervant de l'oifiveté ces malheureufes cap-tives, de faire tourner à l'avan-tage commun leur punition. Le Lieutenant général de police ac-tuel, non moins homme d'Etat, a perfectionné ce plan que M. de Malesherbes n'avoit pu qu'ébau-cher, & les falles immenfes de l'hôpital, dont l'air peftilentiel eût autrefois corrompu la vertu la plus pure, fi elle y fût entrée, font devenues; des laboratoires, finon édifians, au moins utiles. Au refte, comme j'étois groffe, ainfi que j'en fis la déclaration, qu'il fut aifé de vérifier, on me mit dans un quartier féparé. J'y fus traitée fort doucement; j'y accouchai; l'on me foigna très-bien jufqu'à mon parfait rétabliffement, & l'on me renvoya: en forte que je fortis heureufement de cette prifon, prefque fans la connoître que par oui-dire, Mais je n'avois pas le fol; je n'avois point de hardes, rien à mettre en gages pour faire de l'argent, & je ne favois où donner de la tête, fur-tout quand après avoir été chez Mille, j'appris que, tourmenté par fa mégere, & pour fe fouftraire à fes perfécutions, il s'étoit engagé avec un Seigneur étranger, & étoit parti pour la Ruffie. Il avoit vendu tous fes effets & les miens; il n'avoit pas daigné me donner le moindre fecours, s'informer de moi, & m'avoit laiffée dans le dénuement le plus abfolu. Je compris alors, mais trop tard, la vérité de ce que m'avoit dit ma bienfaitrice, de la légéreté, de l'inconftance, de la perfidie, de la fcélérateffe des hommes; je réfolus

bien de ne m'attacher à aucun de ma vie. Cependant il falloit exister, & je ne vis d'autre reſſource que d'aller demander un aſyle à Mad. Gourdan. Je ne connoiſſois guere encore Paris ; je ne ſavois point la demeure ni la rue de cette femme célebre ; mais je m'imaginois que tout le monde devoit le ſavoir, & j'interrogeois tous les paſſans. Les uns ne me répondoient point, d'autres me rioient au nez ; les dévotes faiſoient des ſignes de croix. Une d'elles, après cette ſimagrée, m'enviſage, me prend la main & me dit „ Mon enfant, vous n'êtes
„ pas faite pour aller là. J'ai pi-
„ tié de votre ingénuité, béniſſez
„ la providence, & remettez vous
„ en mes mains. Je vous placerai
„ mieux qu'en pareil lieu. Venez
„ chez moi d'abord, & faites-moi
„ votre confeſſion. „ Je la ſuivis non loin d'ici, dans la rue du Bacq, près des miſſions étrangeres, où étoit ſon domicile. Je ſuis

naturellement franche; d'ailleurs je n'avois point eu le tems d'arranger une histoire; j'étois pressée par le besoin. Je pris confiance en cette femme, & lui racontai de point en point tout ce qui m'étoit arrivé, dont au fond je n'avois nullement à rougir, puisque j'avois été entraînée dans mes divers déréglemens par une fatalité presque inévitable. De son côté, elle avoit des raisons pour être indulgente, & ne voyoit pas avec peine, par tout ce que je lui apprenois, que je n'en étois que plus propre à la destination qu'elle vouloit me donner.

Elle me dit à son tour, qu'elle s'appelloit Mad. Richard; qu'elle étoit veuve & sans enfans, que son époux avoit été loueur de chaises à l'église des missions étrangeres, d'où elle avoit eu occasion d'aller dans la maison, de faire connoissance avec ces Messieurs; que, pour mieux s'insinuer auprès d'eux, elle avoit pris le parti de jouer le rôle de dévote ; qu'elle s'étoit attachée à l'un des ces gros bonnets & étoit devenue fa pénitente ; qu'ayant effayé dans une confeffion , d'éprouver ce que la chair pourroit fur lui, fous prétexte de lui expofer fes fcrupules de la maniere dont fon mari opéroit l'œuvre avec elle , c'étoit avec une vraie fatisfaction qu'elle avoit reconnu qu'il n'étoit pas infenfible ; ce qui l'encouragea, quoiqu'il l'eût beaucoup grondée cette fois, & lui eût enjoint d'être déformais plus réfervée & d'abréger pareils détails , à redoubler la feconde fois de lafciveté dans fa defcription. Celle-ci, plus adroite , rouloit fur une infidélité commife envers fon mari , en cédant enfin aux inftances d'un galant, dont les féductions l'avoient fait fuccomber. Elle s'apperçut que ce péché ne déplaifoit point tant au grave perfonnage , dans le cœur duquel fe gliffoit déja, malgré lui, l'efpoir d'être quelque jour auffi heureux ; il la réprimanda pourtant encore, mais avec moins de févérité, l'appellant fa chere pénitente, & l'exhortant à venir fouvent au tribunal de la pénitence, pour extirper ce malheureux penchant, qui l'entraînoit vers l'homme. Après avoir, par ces heureufes tentatives, ébranlé la vertu du miniftre de Jefus-Chrift, elle réfolut de lui porter le dernier coup. Il s'agit d'un fonge voluptueux. Ce n'eft plus une fornication, un fimple adultere, c'eft un facrilege, un incefte fpirituel ; avec un Prêtre, avec un Religieux, avec fon.... elle n'ofe achever, tant elle eft effrayée de l'énormité de fon crime, quoiqu'il n'ait point été réalifé & n'ait eu lieu qu'en rêve. Pour le coup, il oublie fon rôle, ou plutôt il en ufe dans toute fon étendue ; il veut favoir avec qui ; il la preffe, il lui ordonne de la part de Dieu, qu'il repréfente, de de n'avoir rien de caché. Enfin elle fe rend à la volonté du ciel.... C'eft avec fon Confeffeur qu'elle croyoit être couchée, c'eft avec lui.... Cet aveu étoit trop artificieufement préparé pour ne pas produire fon effet. Il jette le trouble tout-à-la-fois dans le cœur & l'ame du directeur ; il en perd la tête ; il balbutie, il ne fait ce qu'il dit, ni ce qu'il fait ; la chair fe révolte avec une impétuofité qu'il n'avoit pas encore éprouvée, il cherche machinalement à la dompter, il s'agite, il tombe dans une frénéfie délicieufe ; fa chair fe tait, mais il rougit de fa victoire ; il n'a rien de plus preffé que de fe débarraffer de la pénitente par une prompte abfolution, & d'aller enfevelir fa honte dans fa cellule.

Celle-ci n'avoit rien perdu de ce qui fe paffoit : elle conçoit qu'il ne s'agit plus que de faire naître l'occafion d'un tête à tête avec lui, pour compléter fa féduction ; qu'il faut profiter du moment où son imagination est exaltée. Elle prétexte une maladie. On étoit dans la quinzaine de Pâques: elle envoie son mari prier son Confesseur de vouloir bien venir l'entendre. Il arrive en diligence; elle étoit au lit, dans une grande propreté. Il l'interroge avec un vif intérêt sur son état. Elle n'en sait rien elle-même: ce sont des vapeurs, c'est une mélancolie profonde, une langueur générale, ou plutôt c'est un feu secret & dévorant. Ce n'est plus un songe, c'est une réalité continue: elle est atteinte d'une passion violente, qu'elle combat en vain, & cependant passion d'autant plus folle, que, dans le cas même où la grace l'abandonneroit, où le démon l'emporteroit, ce feroit sans espoir de retour de la part de celui qui en est l'objet; personnage grave, éminent en vertu, & qui ne daigneroit pas jeter les yeux sur elle. Elle se

retourne en même tems ; elle offre à ce témoin, qui ne perdoit
rien, une gorge raviffante & qu'elle
a en effet affez belle, puis le re-
gardant avec tendreffe, elle continue ; „ Oui, vous voyez en moi,
„ mon Pere, la plus coupable
„ des péchereffes : c'eft au tribunal
„ de la pénitence même , c'eft en
„ dépofant mes iniquités, que je
„ m'en couvrois de nouveau, que
„ je puifois un amour facrilege
„ inceftueux. Ah ! que ne puis-je
„ quitter les habits de mon fexe,
„ prendre un habit religieux, al-
„ ler vivre auprès de lui, le fer-
„ vir & ne le point quitter , & re-
„ paître au moins fans ceffe mes
„ regards du plaifir de contempler
„ fa face vénérable : car il a l'air
„ majeftueux comme vous, le re-
„ gard benin & doux, la voix
„ onctueufe & touchante ; je
„ crois le voir & l'entendre..., Mal-
„ heureufe ! qu'ai-je dit ! Hélas !
„ vous feriez inexorable comme

lui..... ,, La déclaration de Phedre
n'étoit pas plus directe & plus
preſſante; celle ci fut plus heu-
reuſe.... ,, Tu l'emportes, ma Ri-
,, chard, s'écrie le ſaint homme;
,, tu triomphes de cinquante ans
,, d'auſtérités & de vertu.... Tu me
,, damnes; mais quoi! n'éprou-
,, vé-je pas depuis que je te con-
,, nois, des maux au deſſus de ceux
,, qu'on reſſent en enfer? ne peux-
,, tu pas me faire goûter dès plai-
,, ſirs au deſſus des béatitudes du
,, paradis; ou plutôt, n'eſt-ce pas
,, l'être ſuprême qui manifeſte ici
,, ſa volonté? N'eſt-ce pàs lui qui
,, nous a donné cette ſympathie
,, mutuelle, qui nous eſt venue
,, ſans nous, que nous avons en
,, vain combattue, & ſupérieure
,, à tous nos efforts? Sans doute
,, il ne nous punira pas de ſon pro-
,, pre ouvrage. C'eſt lui qui parle;
,, ſes voies ſont impénétrables;
,, livrons-nous à ſon inſpiration,
,, reçois-moi dans tes bras; que je

G

,, te rende & la santé & la vie;
,, ufe de ce remede fans remords.
,, Va! le fcandale eft le feul mal
,, de ces fortes d'unions : qu'un
,, voile impénétrable dérobe la
,, nôtre aux profanes & aux ja-
,, loux!,, A ces mots il fe rue fur
elle avec une fureur indicible.
Elle lui rend juftice; elle croit
avoir eu fon pucelage; il fembloit
abfolument neuf au commerce des
femmes, & n'en avoit la théorie
que par ce qu'il en avoit appris en
confeffion ou dans les cafuiftes.
Elle fut obligée de le mettre dans
la route du bonheur; mais auffi,
quand il y fut, quelle extafe, quel
raviffement! il avoit cinquante ans
de moins : il réitera plufieurs fois,
dans la même journée. Le lendemain, le furlendemain il la confef-
fa encore.

Ce commerce duroit depuis près
d'un mois, & fon talent ne dé-
croiffoit point : elle ne fait s'il
prenoit dans fes alimens de quoi

le foutenir; c'eft très-vraifembla-
ble. Quoi qu'il en foit, cela ne
pouvoit durer : une fievre inflam-
matoire s'empara de ce vieillard,
& il fuccomba en peu de jours.
Elle devint en même tems veuve
de deux manieres. Son mari qui
étoit ivrogne, fe caffa la tête en
revenant de la guinguette, & la
débarraffa de lui ; mais le faint
homme lui manquoit. Il avoit de
bons bénéfices, & elle en auroit pu
tirer parti. Elle n'en eut pas le
tems. Elle étoit de nouveau in-
triguée fur quel autre Confeffeur
jeter fon plomb pour le remplacer, lorfque la providence vint à
fon fecours.

Un jour elle voit entrer dans
fa chambre un confrere du défunt,
un grand chapeau, c'eft-à-dire,
un béat dans toute la force du
terme, qui étoit chargé des con-
fciences & des aumônes de la plupart des dévotes de haut parage
du quartier. Elle le connoiffoit de

vue : elle lui avoit même parlé quelquefois par occasion ; mais il lui avoit toujours déplu par son extérieur. C'étoit un échalas ; maigre, sans contenance, d'une figure blême, have, pénitente, qui la repouffoit. Il étoit l'ami du défunt : il avoit reçu ses derniers foupirs & ses remords en confeffion, ce qui lui avoit donné une connoiffance détaillée de son intrigue avec Mad. Richard, & fait naître le defir d'en tirer parti ; mais, afin de ne pas se compromettre, & de fonder avant le terrein à son aife, il avoit pris une tournure très-honnête. Il lui forge une hiftoire ainfi qu'il lui a depuis avoué : il fuppofe que son confrere a fait un teftament, par lequel il laiffe tout son bien à la maifon ; mais à la charge de quelques legs particuliers, entre autres de vingt-cinq louis en faveur de Mad. Richard, pour raccommodage de ses colliers, furplis ; & en même tems

le caffard étale un rouleau d'or
fur la table. L'effroi qu'il lui avoit
infpiré par fa préfence, fe calme
à cet afpect : bientôt ils entrent
en pourparler, ils s'arrangent, &
le défunt eft oublié. Les aumônes
des Ducheffes pleuvent en abon-
dance chez la loueufe de chaifes,
qui s'arrondit à merveille.

La maifon des Miffions étrangeres, dont les chefs, répandus chez
les grands Seigneurs du faubourg
Saint - Germain , ne laiffent pas
que d'avoir un certain crédit par
les femmes fous leur direction &
par leurs entours, eft fujette à
une circulation continuelle de pré-
dicateurs, d'écrivains eccléfiafti-
ques, de jeunes Abbés de condition, de gros bénéficiers, d'Evê-
ques. L'hypocrite connoît beaucoup de ces derniers. C'eft un in-
trigant adroit, qui, dans fa fphe-
re obfcure, ne pouvant pas jouer
un rôle par lui-même, a l'amour
propre de fe rendre néceffaire à

ces Meſſieurs: il leur procure au beſoin des Sermons, des Mande-mens, des Grands-vicaires, des Bénéfices & même des filles, quand il les connoît à fond, & en eſt bien ſûr. C'eſt Mad. Richard qui a ce département. Elle me dit qu'elle ſeroit peut-être bien-tôt chargée de pourvoir de maîtreſſe en regle un Prélat: qu'elle avoit jeté les yeux ſur moi; mais qu'au-paravant il falloit connoître mon ſavoir-faire, ou me donner des inf-tructions; que d'ailleurs elle étoit ſurchargée de fatigue, depuis la perte d'une éleve que lui avoit enlevé un jeune égrillard, & qu'el-le avoit beſoin que je la ſecondaſſe juſqu'à ce que je fuſſe mieux pla-cée. Entrant alors dans une pe-tite differtation ſur notre état, dont les principes ſolides & les vues fines ne m'ont point échap-pé, elle me dit:

„ Ne croyez pas qu'il faille trai-
„ ter notre métier avec les dévots

„ comme avec les gens du mon-
„ de. A l'exception des vieillards
„ & des libertins trop ufés, il faut
„ infiniment plus d'art & de talent
„ auprès des prèmiers qu'auprès
„ de ceux-ci, chez qui la paffion,
„ ou le goût au moins, précede
„ pour l'ordinaire la jouiffance, la
„ rend plus délicieufe & en fait pref-
„ que tous les frais. Il n'en eft pas
„ de même d'un caffard, paillard
„ honteux, à qui chaque perfon-
„ ne du fexe offerte fucceffive-
„ ment à fes regards, plaît tour-
„ à-tour, parce qu'il n'en eft au-
„ cune qui n'éveille fes fens : la
„ circonftance feule détermine fes
„ approches ; mais ce n'eft qu'en
„ couchant avec lui qu'une cour-
„ tifanne experte peut lui faire
„ naître le defir d'y coucher en-
„ core, fe l'attacher & le fixer.
„ Il faut pendant les courts mo-
„ mens qu'elle le poffede, qu'elle
„ lui enflamme l'imagination pour
„ les longs intervalles de l'abfence,

G 4

„ & que, toujours préfente devant
„ lui par le fouvenir des plaifirs
„ qu'elle lui a fait goûter, il en
„ appete de nouveaux & défefpe-
„ re d'en rencontrer ailleurs de
„ femblables. Au contraire, dans
„ la fociété, une femme qui a ren-
„ du un cavalier amoureux d'elle,
„ qui peut ne le pas quitter, le
„ voit fans ceffe, a mille moyens
„ de foutenir & perpétuer la fé-
„ duction; foit en prenant un af-
„ cendant impérieux fur fon efcla-
„ ve, qui lui ôte toute faculté,
„ toute volonté; foit en l'écar-
„ tant adroitement des lieux ou
„ des objets qui pourroient le fai-
„ re changer; foit en lui procu-
„ rant des jouiffances étrangeres,
„ qui l'occupent & le diftraient,
„ jufqu'à ce que l'appétit charnel
„ le rappelle véritablement dans
„ fon fein. Obfervons en outre,
„ que les dévots, les Prêtres, les
„ Cénobites, les Princes de l'E-
„ glife, trayaillés du démon de la

„ chair, font plutôt vieillis & épui-
„ fés que les gens du monde; ce
„ qu'on attribue à leurs macéra-
„ tions, & ce qui eft la fuite du
„ fréquent ufage de l'onanifme,
„ auquel ils font fujets, faute de
„ femmes, ou crainte de fe com-
„ promettre. Cet exercice folitai-
„ re, par la facilité de s'y livrer,
„ tourne bientôt en habitude: il
„ devient un befoin; mais, au
„ grand détriment de l'individu,
„ puifqu'un feul acte lui caufe plus
„ de déperdition de fubftance, que
„ plufieurs jouiffances partagées.
„ Auffi l'onanifte, tranfporté dans
„ les bras d'une femme, eft-il
„ fort difficile à amufer. Accou-
„ tumé à toutes les gradations,
„ toutes les nuances du plaifir,
„ qu'il prend, qu'il diverfifie, file,
„ fufpend ou précipite à fon gré,
„ il lui faut une prêtreffe, s'ou-
„ bliant elle-même, fe modifiant
„ comme fa victime; il faut qu'elle
„ étudie & devine, pour ainfi dire,

„ chaque perception voluptueuse
„ de son ame : qu'elle suive la lu-
„ bricité de ses mouvemens, feigne
„ d'en recevoir l'extase qu'elle lui
„ procure, & de sacrifier avec lui.

   „ Cet art, si raffiné chez les
„ anciens, à ce que j'ai appris d'un
„ savant clerc, membre de l'Aca-
„ démie des Belles - Lettres , au-
„ quel j'ai eu affaire, & perdu ou
„ du moins dégradé durant le tems
„ d'ignorance & de barbarie, de-
„ vient en vogue plus que jamais
„ dans ce siecle de lumiere & de
„ philosophie. Non moins de qua-
„ rante mille impures l'exercent
„ dans la capitale; mais parmi ce
„ nombre il en est peu qui se dis-
„ tinguent: depuis un demi-siecle
„ on n'en compte guere que qua-
„ tre parvenues à une certaine
„ célébrité; la *Florence* & la *Paris*,
„ qui mortes, depuis plusieurs
„ années, vivent encore par leur
„ renommée, & la *Gourdan* & la *Bris-*
„ *son* , qui professent aujourd'hui

„ cet art avec beaucoup d'éclat,
„ qui voient paſſer ſucceſſivement
„ chez elles preſque tout Paris,
„ depuis le courtaut de boutique
„ juſqu'au Prince du ſang , & de-
„ puis le frere quêteur des Capu-
„ cins juſqu'à l'Eminence la plus
„ circonſpecte. „

„ La *manueliſation*, aidée ou récipro-
„ que , eſt ſur-tout à l'uſage des
„ perſonnes graves , que vous ver-
„ rez ici. Obligés d'envelopper
„ leurs foibleſſes du plus profond
„ myſtere , ils craignent qu'un en-
„ fant mal - adroitement jeté en
„ moule , ou quelque maladie hon-
„ teuſe , dont les ſymptômes ne
„ peuvent guere ſe cacher , ne les
„ décélent. Cette derniere conſidé-
„ ration détermine à uſer de la mê-
„ me recette beaucoup de ſéculiers,
„ perſuadés que le mal ſyphiliti-
„ que ne ſe gagne que par le con-
„ tact vénéneux des parties , or-
„ ganes de la génération. „

„ Le cours de tribaderie que

„ vous avez fait, ma chere Sapho,
„ vous a fans doute rendue très-
„ propre à l'autre exercice, lors-
„ que vous en aurez reçu les do-
„ cumens ; car vous ne pouvez
„ en avoir acquis beaucoup avec
„ un jeune amant fougueux, ne
„ recherchant qu'une jouiffance
„ rapide, toujours ardent à la con-
„ clufion, parce qu'il étoit tou-
„ jours prêt à recommencer. Vous
„ aurez affaire ici à des hommes
„ d'âge mur, chez qui le grand
„ feu du tempérament fe trouve
„ amorti, & l'imagination doit fup-
„ pléer aux facultés. ,,

„ Il faut d'abord vous appren-
„ dre la langue du métier, dont
„ l'ufage nous eft indifpenfable.
„ & de la plus grande importan-
„ ce. Le terme propre, placé à
„ propos, produit fouvent plus
„ d'effet, frappe, émeut, éguil-
„ lone plus vivement les fens,
„ que l'image galante, qu'y fubf-
„ titue, par une longue circon-

„ locution, une belle parleuse.
„ Je vous donnerai ensuite la dé-
„ finition de chaque mot que
„ vous n'entendez pas, & enfin
„ je vous indiquerai l'application
„ de diverses pratiques de notre
„ état. „

Je ne transcrirai point le diction-
naire de mots absolument nouveaux pour moi que Mad. Richard
me fit apprendre par cœur ; ils
étoient accompagnés de commen-
taires si obscenes, que je les suppri-
me en entier, faute de pouvoir les
rendre supportables. Tous ces détails peuvent être excellens dans
la chaleur de la débauche, mais
deviennent insipides & dégoûtans
dans le sang-froid de la narration.
Je passe à la péroraison de la ha-
rangue de Mad. Richard.

„ Au reste, une légere pratique
„ vous rendra bientôt plus ha-
„ bile que le plus long catéchisme.
„ Il en est de notre métier comme
„ de certains jeux de cartes, dont

„ il faut favoir les regles géné-
„ rales; mais auxquelles on déro-
„ ge fouvent; au *Reverfis*, au *Wisk*,
„ au *Trois-fept*: c'eft fur le tapis qu'on
„ apprend ce qu'il faut faire. La
„ maniere de jouer des adverfai-
„ res, détermine celle dont on
„ doit ufer. Il en eft de même du
„ putanifme ; ( car pourquoi rou-
„ gir ┃de nommer une profeffion
„ qu'on ne rougit pas d'exercer )
„ c'eft l'âge, le caractere, le goût
„ d'un amant, qui doivent décider
„ de la nature du plaifir à lui pro-
„ curer. Il faut être très complai-
„ fante avec certains hommes;
„ d'autres, pour entrer en hu-
„ meur, exigent de l'impétuofité,
„ de l'emportement, de la fureur:
„ il en eft avec qui l'on doit af-
„ fecter de la réferve, de la pru-
„ derie: ceux-là veulent du ten-
„ dre , & fe plaifent à filer le fen-
„ timent; ceux-ci aiment qu'une
„ pute fe montre telle qu'elle eft,
„ & faffe fon métier franchement.

'Après son instruction, Mad. Richard m'ajouta. ,, Ce qui doit ,, vous donner quelque confiance ,, en mes discours, ou plutôt ,, vous convaincre de l'excellence ,, de mes préceptes, c'est ce que ,, vous me voyez. Assurément je ,, ne suis rien moins que jeune ; ,, mon embonpoint seulement em- ,, pêche mes rides de paroître & ,, en cache quelques-unes. Je n'ai ,, jamais été jolie : j'ai le front ,, gravé de petite vérole, je n'ai ,, nulle noblesse dans la figure ou ,, dans la taille ; j'ai la jambe gros- ,, se, le bras & la main mal ; je ,, n'ai pour moi que trois choses, ,, la gorge encore assez ferme, ,, une bouche assez bien meublée, ,, & des yeux très-luxurieux. Je ,, ne pourrois entrer d'aucune ,, maniere en parallele avec vous ; ,, j'aurois l'air de votre mere ; & ,, cependant, de la plupart de ,, ceux qui viennent ici, sur-tout ,, des gens mûrs, ayant, ce sem-

,, ble, plus besoin que d'autres
,, d'être excités par les graces
,, de la figure & par la fraîcheur
,, de la jeuneſſe, il y en a peu,
,, qui ne me préféraſſent. Dès ce
,, ſoir, ſi vous voulez, vous en
,, aurez l'expérience. ,, En effet,
ſur la brune, l'on frappe à la porte.
J'y cours; j'ouvre. J'apperçois un
vieux caffard : d'abord déconte-
nancé à ma vue, il baiſſe les yeux,
& d'un ton benin me demande ſi
Mad. Richard y eſt. Sur ma ré-
ponſe, il entre; & ſuivant le mot
du guet, il parle de ſes collets,
de ſes ſurplis, de ſes aubes. Mad.
Richard l'ayant raſſuré, nous nous
aſſeyons & il cauſe; puis bientôt
il lui dit à l'oreille que je ne lui
conviens pas. Elle me fait ſigne,
& je ſors, ou plutôt, ſuivant notre
convention, je fais ſemblant de
ſortir, & me gliſſe dans un petit
cabinet, d'où je pouvois voir tout
leur manege, & prendre une leçon
dont

dont les poftures de l'Arétin ne
donnent pas d'idée.

Le béat me croyant partie,
j'entends qu'il confirme à Madame
Richard ce que le gefte de celle-ci
m'avoit indiqué; c'eft que je ne
lui infpire rien ; c'eft qu'il la pré-
fere à toutes les beautés les plus
raviffantes, parce qu'elle feule a
le talent de le ranimer, de lui faire
fentir fon exiftence, de le rendre
encore homme. Il s'exprimoit dans
d'autres termes que ceux-ci. Ima-
ginez-vous le langage du libertin
de corps de garde le plus déter-
miné! Quel contrafte avec l'air
hypocrite fous lequel il s'étoit pré-
fenté! Cependant fa divinité, non
moins riche en expreffions fono-
res, qu'elle articule d'un ton ferme
& véhément, après l'avoir excité
par ce préambule, auquel elle mé-
loit les premieres embraffades,
les careffes préliminaires, lui ordonne de fe déshabiller. Elle fe

H

met nue en même tems, puis ouvre une armoire, d'où elle tire
une double cuirasse de crin, par-
semée en dedans d'une infinité de
petites pointes de fer arrondies
par le bout : elle le revêt sur la
poitrine & sur le dos de cet instrument de pénitence, converti
en instrument de luxure. Elle en
attache les deux parties de chaque côté, par des cordons du même tissu ; puis elle adapte à celle
qui couvre l'estomac, une chaîne
de fer, qu'elle passe sous les tes-
ticules, qui se trouvent soutenus
par une espece de bourse occupant le milieu de la chaîne. Cette
bourse est de crin encore, mais à
claire-voie, de maniere à ne point
empêcher les attouchemens de sa
main sur ces sources du plaisir.
Quant à la chaîne, elle vient se
rattacher de l'autre part. Enfin
elle lui met à chaque poignet un
bracelet du même genre que la
cuirasse. Je ne connoissois point

cet appareil, & je n'en aurois jamais soupçonné l'effet. Je n'en pus douter quand je vis ce Prêtre paillard ainsi armé entrer en érection, quoique foiblement. Alors Mad. Richard prend des verges, & le flagellant d'importance sur les cuisses, sur les fesses & sur les reins, lui fait faire plusieurs fois le tour de la chambre; à chaque pas qu'il fait, son sang, agité par les frottemens de la cuirasse, se porte aux parties de la génération & le dispose à l'œuvre de la chair: cependant il n'en a point encore assez; & comme sœur Félicité & sœur Rachel, ces fameuses convulsionnaires, qui, lorsqu'on les assommoit de coups de buche, n'en recevoient jamais trop, il en demande encore davantage, & palpe avec transport, dans sa lubricité, tout ce que lui présente la vaste corpulence de Mad. Richard. Celle-ci, par ce puissant exercice, après avoir

H 2

fuffifamment aiguillonné la chair chez le reffufcité qui commence du moins à donner figne de vie, fe couche fur fon lit avec lui. Du bout des doigts lui titille légére- ment les tetons, dont les boutons paffoient au travers des œille- res pratiquées exprès dans la cui- raffe : elle y porte enfuite l'ex- trêmité de la langue, avec un prurit infiniment voluptueux. Il n'eft point d'engourdiffement qui tienne à de femblables careffes, & fans toucher aux parties de la génération, ce que l'on évi- te avec le plus grand foin, elles prennent enfin une telle vigueur, un defir fi violent du coït, qu'il faut y fatisfaire ou y fuppléer en provoquant la nature par les frot- temens différens, fuivant le genre de plaifir que cherche le *Miché* (*)

_______________

(*) Il a fallu conferver ce terme de Mlle Sapho, comme d'une énergie difficile, ou plutôt l'impoffible à rendre autrement. Il ex- prime, de la façon la plus méprifante, la vileté du rôle que joue, dans les mauvais lieux, un

Celui- ci aimoit la jouiſſance complette; mais il étoit jaloux de la
réciprocité: il vouloit connoître
par lui-même s'il avoit le bonheur
d'exciter quelque émotion. Il falloit que Mad. Richard, accoutu-
mée à cette fantaiſie, jouât la comédie, qu'elle pouſſât des ſou-
pirs, l'interpellât par des exclamations amoureuſes, en un mot
parût appéter auſſi ardemment
que lui. C'étoit un corps vivant
accouplé à un cadavre: n'impor-
te, elle ſe contrefaiſoit à merveille, & parut s'épancher en même
tems avec une luxure incroyable
& qu'elle étoit bien éloignée
d'éprouver. Nous en rîmes bien
quand nous nous retrouvâmes
ſeules enſemble. Au ſurplus, *à bon*

---

homme qui n'y reçoit du plaiſir qu'en propor-
tion de l'argent qu'il donne. Les filles appel-
lent *bon Miché* celui qui paye bien ; *mauvais
Miché* celui qui paye mal ; *ſot Miché*, celui
qui n'a pas le ton ou les allures du lieu où il
ſe trouve.

H 3

*entendeur, il ne faut que demi mot:* cette
leçon m'en valut cent, & mon inftitutrice eut bientôt lieu de connoître mon favoir-faire & d'en
être furprife. Parfaitement con-
vaincue que je ne pourrois que lui
faire honneur, Mad. Richard
n'héfite point à me montrer au
Prélat auquel elle me deftinoit:
bien plus, ce qui eft fort rare en
pareil cas, très perfuadée que
la jouiffance ne contribuera qu'à
m'attacher davantage Sa Grandeur, elle lui propofe un effai.
Il en eft fi content, fi enchanté,
qu'il fe détermine à m'entretenir;
il ne fe flattoit pas de trouver dans
le même objet tant de jeuneffe &
de charmes réunis à des talens auffi
confommés dans l'art des volup-
tés. Il donne un gros pot de vin
à l'entremetteufe, il s'empare de
moi & me met fous la clef; le terme
n'eft pas trop fort : il étoit jaloux
comme un tigre. Il me logea dans
une petite maifon du fauxbourg

Saint-Marceau, qui étoit une mi-
niature, extrêmement bien meublée, mais tout-à-fait écartée,
uniquement entourée de jardins
& de couvens. Il rempliſſoit par-là
ſon double objet, & de me souſ-
traire au commerce & aux regards,
pour ainſi dire, de tous les hu-
mains, & de ſe ménager la facilité
de s'introduire chez moi ſans ſcandale & ſans bruit, à telle heure &
comme bon lui ſembleroit. En outre, il ne vouloit point que j'euſſe auprès de ma perſonne de do-
meſtique, mâle ſur-tout : une
coëffeuſe à mes ordres, tous les
matins, ajuſtoit mes cheveux &
me ſervoit de femme de chambre.
Une vieille venoit faire mon ménage, mettre mon pot au feu &
s'en alloit l'après-diner : elle ne
revenoit que le ſoir très-tard, à
l'heure indiquée, lorſque Monſeigneur ne couchoit pas avec moi,
parce que je lui avois déclaré que
j'aurois trop peur, que je ne pou-

vois ainſi paſſer la nuit toute feule dans une maiſon. Jé me trouvois donc dans une captivité infini-ment plus gênante que celle où m'avoit tenue Mad. de Furiel, & je doute que j'euſſe pu ſupporter long-tems cette ſolitude. Un inci-dent très-extraordinaire, car je ſuis née, ce femble, pour les événemens bizarres, vint encore renverſer ce commencement de nouvelle fortune.

Monſeigneur, par ſon hypocriſie & ſa haute naiſſance, parvenu de bonne heure à l'Epiſcopat, dès qu'il avoit été ſur le fiege, s'étoit laiſſé aller à la fougue de ſon tem-pérament. Il avoit choiſi des Grands-Vicaires, jeunes égrillards comme lui, de ſon goût, & moins deſtinés à le feconder dans la ré-gie de ſon Dioceſe que dans ſon libertinage. S'occupant peu de convertir, ils ne cherchoient, au contraire, qu'à pervertir les per-fonnes du fexe qu'ils en jugeoient dignes : ils dépuceloient les filles, débauchoient les femmes, ils é- toient le fléau des meres & des époux : ils répandoient la terreur dans tout le canton. Ce train de vie dura auffi long-tems que Mgr refta fur ce fiege. Nommé depuis à une autre prélature, blafé fur les plaifirs de l'amour & ufé de débauches, il a profité de cette circonftance pour changer de vie. L'ambition s'eft éveillée chez lui ; il brigue aujourd'hui les plus hautes dignités de fon ordre, même la pourpre. En conféquence il s'eft réformé : il affiche plus de régularité, & n'a fourdement qu'une fimple maîtreffe, afin de fatisfaire aux befoins de la nature, quand ils renaiffent encore. Je vous rends fa propre confeffion, & voilà ce qui l'avoit engagé à folliciter l'entremife de Mad. Richard & à m'entretenir.

Quatre de fes Grands-Vicaires qui étoient à Paris, confondus de

ce changement, ne pouvoient fe
le perfuader : ils ne le croyoient
point véritable, & avoient foupçon
de quelque myftere. Afin de s'en
éclaircir, ils réfolurent d'épier
Monfeigneur, féparément chacun
de leur côté ; de fuivre fes allures
& de découvrir ce qui en étoit.
Ils convinrent que le premier qui
fauroit quelque chofe en inftrui-
roit les autres. L'un d'eux connoiffoit un exempt de police. Avec
de l'argent on fait tout ce qu'on
veut : il en eut bientôt les mou-
ches à fes ordres, qui évente-
rent ma retraite & lui conterent
mon hiftoire entiere. Alors il raf-
fembla fes confreres étonnés de
fon intelligence & de fa fineffe :
ils furent enchantés de la jufteffe
de leurs conjectures ; mais pour
punir Monfeigneur de fa diffimu-
lation, ils arrêterent qu'il falloit
lui fouffler fa maîtreffe, ou du
moins partager fa couche. Quel
feroit ce fortuné mortel ? On ne

peut defirer ce qu'on ne connoît pas : il falloit commencer par s'introduire auprès de la belle, par reconnoître fi elle méritoit les éloges qu'on en faifoit ; enfuite chacun, fuivant que le cœur l'infpireroit, poufferoit fa pointe auprès d'elle.

Ces Lévites, fouvent déferteurs du fervice des autels pour celui des femmes, accoutumés à courir les bonnes fortunes, à hanter les mauvais lieux, fe refpectoient cependant affez pour ne pas compromettre leur robe : ils fe déguifoient alors en cavaliers : ils prennent ce traveftiffement d'autant plus néceffaire en cette occafion, que dans le cas où ils ne réuffiroient pas, ils ne craignoient rien de mon indifcrétion auprès de leur Evêque, dépayfé par un tel coftume. Ils fe rendent en carroffe à ma porte, un jour qu'ils favoient Monfeigneur à Verfailles, & étoient bien fûrs qu'il n'en re-

viendroit pas de sitôt. Je suis effrayée de leur descente. Quatre
plumets, dont je ne connoissois
aucun, m'intimident: je crains
qu'ils ne veuillent faire tapage, &
je suis forcée de leur faire beaucoup d'honnêtetés & d'accueil.
Je suis bientôt rassurée; mais ils
m'embarrassent bien autrement,
quand ils m'apprennent toute mon
histoire, & sur-tout quel est mon
enteteneur. Je tombe de mon
haut, je suis confondue. Bientôt
la conversation prend une tournure gaie & plaisante: ils me propo-
sent de remplacer Monseigneur
dont ils connoissent l'insuffisance,
& m'offrent le choix entre eux. Je
les aurois volontiers pris au mot,
& tous quatre sur le champ;
mais il falloit me contenir vis à vis
de pareils étrangers. Je n'en ré-
solus pas moins de satisfaire ma
fantaisie; mais de m'y prendre plus
adroitement. Tandis que nous rions,
que nous folâtrons ensemble, je les

tire fucceffivement à l'écart, &
donne à chacun un rendez-vous
féparé ; je les prie en même tems
de me garder le fecret, même vis-
à-vis de leurs camarades. Je comptois plus fur leur amour-propre
que fur ma défenfe, du moins
jufqu'au moment où ils auroient
joui, & cela me fuffifoit. En effet, chacun defirant mettre à fin
fon aventure avant de s'en vanter,
rit intérieurement de la duperie
des autres, &, en s'en allant, fe
récrie fur mon honnêteté à laquelle il ne s'attendoit pas: il me cite
comme un dragon de vertu, dont
il n'eft pas poffible d'approcher,
comme un phénomene unique entre les courtifannes.

Afin de mieux juger des talens
rapprochés & comparés de ces galans, entre lefquels il s'agiffoit
d'élire un Coadjuteur à Monfeigneur, je leur avois affigné rendez-vous pour la même foirée,
chacun à une heure de diftance

l'un de l'autre. Le premier devoit venir à sept heures, le second à huit heures, le troisieme à neuf & le dernier à dix. Le Prélat, qui soupoit réguliérement à l'Archevêché, ne pouvoit jamais me surprendre avant onze heures. Je ne doutois pas, qu'au moins pour cette fois, on ne fût exact à l'assignation précise ; ainsi je restai parfaitement tranquille.

En effet, sept heures sonnantes arrive le premier. C'étoit un blondin d'une fort jolie figure, d'un ton mielleux, d'une conversation séduisante : il étoit très-caressant, & s'arrêtoit longtems aux préliminaires, & ne pouvant répéter le plaisir, le filoit de son mieux. Il avoit à peine fini lorsqu'on sonna. Ce cas étoit prévu ; je l'avois même préféré pour éviter l'inconvénient plus grand, que ces camarades se rencontrassent & se reconnussent. Je cachai celui qui étoit expédié dans une garde-robe, dont une petite porte donnoit dans mon anti-chambre, & lui indiquai comment, en se coulant derriere un paravent placé exprès, il pouvoit facilement gagner l'escalier. J'ouvre ensuite & faisant signe à celui que j'introduis de garder le silence, je le mene dans mon appartement. Là je lui rends compte à voix basse, de la raison de ce mystere, que je fonde sur l'appréhension qu'il n'ait été apperçu de quelque Espion de Monseigneur & suivi dans l'escalier. Je ressors comme pour vérifier ce soupçon, mon objet étoit de favoriser l'évasion du précurseur en cas qu'il ne fût pas encore parti dans ce moment. J'entends la porte se refermer; je ne doute plus de son départ & je rentre. Point du tout, le curieux impertinent avoit bien poussé la porte, mais du dedans. il étoit revenu dans sa cachette, afin d'observer les manœuvres du Prélat en posture & de s'en amu-

fer. Sa curiosité redouble en le-
vant le coin du rideau d'une porte vitrée, lorsqu'au lieu d'un Evêque, il voit un cavalier. Bientôt il reconnoît la voix de son
camarade, & n'a garde de quitter
en un auffi bel inftant.

Celui-ci étoit un brun, affez
laid, mais bien bâti, vigoureufe-
ment corfé, tout mufcles, tout
nerfs, dans la force de l'âge, &
preffé d'aller au fait, parce qu'il
fe fentoit en état de recommencer.
Il double, il triple, il quadruple ma
jouiffance : il y feroit encore, fi je
n'avois eu la prudence de l'arrêter,
non fans lui promettre inceffam-
ment un autre rendez vous. C'étoit
bien mon projet de lui tenir parole;
j'y étois intéreffée autant & plus
que lui, fi les circonftances n'euffent dérangé notre liaifon, & ne
m'euffent privée d'un de ces Her-
cules rares aujourd'hui, & qu'on
ne rencontre plus guere que dans
l'Eglife. Quoi qu'il en foit, il fal-
lut

lut) nous féparer à l'heure indiquée, c'eft-à-dire à neuf heures, lorfque le troifieme fe pré-
fenta. Mêmes précautions pour
cacher le fecond galant, le fouftraire aux recherches du jaloux,
& lui ménager, ainfi qu'au premier, le moyen de s'en aller fans
éclat; avec la différence qu'il fut
bien furpris de trouver dans le
cabinet un rival, qui heureufement le raffura fur le champ, fe
fit connoître, lui apprit comment
il fe rencontroit là, l'engagea de
refter & de voir le dénouement
de tant de paffades.

Par le portrait que je vous ai
efquiffé des deux premiers galans,
vous avez pu juger combien ils
différoient entre eux. Le troifieme étoit un original d'une efpece
plus particuliere encore. Il avoit
plus d'amour-propre que d'amour;
il fe faifoit une grande gloire de
groffir la lifte de fes conquêtes :
il la portoit toujours avec lui : il

I

me la montra. J'y lus les noms de
femmes de qualité, de financieres,
de bourgeoifes : il m'affura qu'il
étoit blafé fur ces fortes de bonnes fortunes ; qu'il ne fe foucioit
plus de femmes prétendues hon-
nêtes ; que la plupart, fans tem-
pérament, n'ayant un amant que
par imitation, par mode, par
air, étoient des jouiffances fort
infipides ; qu'il falloit en revenir
aux putes.... Par cet aveu flat-
teur il piquoit mon émulation :
je déployai à fon égard toutes les
reffources de l'art que m'avoit
appris mon inftitutrice, & il con-
vint que je favois amufer à merveille : exercice affez mauffade
pour moi ; mais il étoit généreux :
je me fis un devoir de le fatisfaire, fauf à ne pas y revenir. Mal-
traité plufieurs fois de mes femblables pour avoir été trop loyal, ce
libertin étoit obligé d'ufer de toutes
fortes de ftratagêmes, & de s'en
tenir à l'image du plaifir, de peur

que la réalité ne lui en fit recueil-
lir les fruits amers & cuifans;
d'ailleurs d'un génie cauftique &
préfomptueux. Le refte de notre
converfation fe paffa à s'égayer
fur le compte de fes camarades
qu'il croyoit fes dupes. Il ignoroit
que deux l'écoutoient, & que
lorfqu'il rioit à leurs dépens, ils
prenoient à plus jufte titre leur
revanche. Il fut bien fot quand la
venue du dernier m'obligea de le
congédier de la même maniere
qu'eux, & qu'il les rencontra nez-
à-nez. La curiofité l'emporta fur
le reffentiment, & tous trois fe
tapirent, ne doutant plus que ce
quatrieme ne fût leur confrere.

En fait de difputes métaphyfiques,
morales, phyfiques même, autant
de têtes, autant d'avis; on en
pourroit dire de même en amour;
autant d'athletes, autant de caprices divers. Le dernier que j'avois
réfervé pour la fin, comme celui fur lequel je comptois le plus,

étoit un Provençal, qui avoit le goût de cette nation, fort défagréable au fexe. Il l'avoit contracté dès le college, s'y étoit fortifié au féminaire, & ne l'avoit pas perdu au milieu des orgies féminines. Je l'avois fort bien jugé: il avoit tout l'extérieur d'un fatyre, & c'étoit un monftre en réalité. J'en attendois des prodiges. Après avoir beaucoup tourné autour de moi, il me fit fa déclaration d'une efpece vraiment galante, & dit que, depuis la *Venus aux belles feffes* (*), on n'avoit certainement rien vu de fi divin. Je compris, & lui reprochai la dépravation de fon goût. Il fe juftifia par un axiome reçu généralement dans tous les lieux de débauche: que tout eft *le vafe légitime* dans une femme (**). A l'appui de ce propos de libertins,

---

(*) Fameufe ftatue que tout le monde connoit.

(**) Cet apophtegme, dans fa véritable énergie, porte: *tout eft c ** dans une femme.*

il me protesta très-sérieusement,
qu'il pourroit ajouter des décisions
de casuistes recommandables (*). il
me parut plaisant qu'un militaire
citât de pareilles autorités, & à
qui ? Je me récriai ensuite sur l'é-
normité de l'introducteur, qui me
causeroit des douleurs effroyables.
Il me rassura par un proverbe
provençal, qu'avec de la salive &
de la patience on venoit à bout de
tout. (**) Alors la curiosité me prit:
je voulus éprouver si l'agent dans
un pareil exercice, recueilloit en
effet beaucoup de plaisir ; s'il re-
fluoit dans le voisinage, & si la patiente en pourroit goûter quelqu'un. Il s'y prit en homme intel-
ligent & qui n'étoit pas à son coup
d'essai: il nageoit dans les délices,
il étoit ravi ; il s'extasioit, se pâ-

---

(*) Entre autres du Jésuite Sanchès, *De
matrimonio.*

(**) Ce proverbe au naturel est qu'avec
*de la salive & de la patience, un provençal en-*
******* *une mouche.*

I 3

moit, & moi je n'éprouvois que
des defirs, des irritations vaines.
Je voulois m'en débarraffer : mes
efforts ne fervoient qu'à lui donner plus de pied. Ce priape infa-
tiable, collé fur moi, ne défempa-
rant point de fa place, répétoit
fes facrifices prefque coup fur
coup.... A la fin je faifis un moment de relâche, & m'en débar-
raffai en le qualifiant de l'épithete
qui lui convenoit, en maudiffant
l'abus qu'il faifoit de fes talens,
en proteftant bien que ma porte
lui feroit pour toujours clofe....
Nos débats duroient encore, lorfque Monfeigneur vint fermer la
marche de cette journée. Je fus
obligée de traiter ce vilain avec
les mêmes égards que j'aurois eu
pour le greluchon le plus favorifé.
Je n'avois pas eu le loifir de me
rajufter : il me fert de valet de
chambre, & quand le défordre où
il m'avoit mis eft un peu réparé,
je lui indique fa marche pour for-

tir, & cours au devant du Prélat.
Un entreteneur n'eſt point fait
pour attendre ; celui-ci avoit pris
de l'humeur. Son caractere ombra-
geux ſe manifeſte par une querel-
le violente. Les femmes, quand
elles ont tort , n'en crient ordinairement que plus haut ; c'eſt ce que
je fais, & ſi fort que je l'oblige de
baiſſer le ton. Il veut me careſſer :
je le repouſſe & me plains à mon
tour de l'eſclavage où il me tient.
Je lui dis qu'il ne connoît point
mon ſexe ; qu'il devroit ſavoir que
les obſtacles ne ſont propres qu'à
l'irriter, & qu'il n'eſt grille ni ver-
roux qui réſiſtent aux deſirs d'une
femme amoureuſe. J'ajoute : ,, quoique vous me teniez en chartre
,, privée, ſi je m'étois mis dans la
,, tête de vous cocufier, vous le
,, feriez quatre fois pour une en
,, un jour... ,, Cette ſaillie, arti-
culée d'un ton ferme, élevé, &
de colere, qui ſe trouvoit ſi juſte
en ce moment, entendue du cabi-

net leur donna une envie de rire
si violente, qu'ils ne purent y tenir & éclaterent. Quel fut mon
étonnement, & quelle fut la frayeur du Prélat ! Il s'imagine que
c'eſt un complot formé contre lui,
que ce ſont des coupe - jarrets
apoſtés pour le voler: il perd la
tête, il veut s'enfuir. Moi, je reſte
immobile un moment ; puis une
lumiere à la main vais viſiter le
cabinet. Je n'y vois perſonne ; mais
la couliſſe rendoit dans l'anticham-
bre ouverte, je ſuis la trace des
perfides, & trouve un ſpectacle
formant la carricature la plus gro-
teſque. Monſeigneur & ſes Grands
Vicaires ſe rencontrent en même
tems à la porte: il ſe perſuade de
plus en plus du mauvais deſſein
qu'on a qu'on veut l'arrêter: il ſe
jette à genoux aux pieds des aſ-
ſaſſins prétendus, offre ſa bourſe
& demande grace pour ſa vie.
Ceux-ci le relevent en riant de
plus belle: ils lui diſent que c'eſt

à eux à prendre cette posture, qu'ils sont ses serviteurs les plus zélés & les plus respectueux : ils le prient de leur pardonner cette espiéglerie, dont il leur a donné l'exemple & daigné être quelquefois le complice, qui devient au surplus très-heureuse, puisqu'elle sert à lui défiller les yeux, à lui faire découvrir la fausseté d'une femme qu'il comble de biens, qui se joue de lui & le trompe aussi vilainement. J'arrive en ce moment au milieu d'eux, & d'après leur conversation, découvre un mystere dont je ne pouvois me douter. Je reconnois tous les masques qui me peignent si bien. Monseigneur, un peu revenu de sa terreur, à l'aide de la bougie, malgré leur travestissement, dont il avoit été plusieurs fois le témoin, voit enfin à qui il a affaire ; il me comble, m'accable de reproches, d'invectives, d'horreurs. Les autres les répetent en *chorus*. Investie de cet

te prêtraille, je ne fais que deve-
nir & que répondre. Je m'apper-
cois que la porte étoit dégagée,
je m'y précipite & gagne la rue;
je cours devant moi fans favoir
où je vais. Je monte dans le premier fiacre que je rencontre, & me
fais conduire chez Mad. Gourdan;
car je la regardois toujours comme mon réfuge dans ma détreffe.
Elle me reconnoît; elle m'accu-
eille & me fait conter mon hiftoire :
elle me dit qu'il ne faut pas ainfi
jeter le manche après la coignée :
que je dois, dès le lendemain matin, retourner à ma maifon. J'arrive & vois un écriteau qui porte :
*maifon à louer préfentement.* J'entre;
je ne trouve que les quatre mu-
railles & ma femme de ménage, qui
me dit qu'elle a ordre de refter
là tout le jour pour montrer les
lieux : que, dès le grand matin, on
avoit payé le propriétaire, & qu'un
tapiffier étoit venu enlever les
meubles comme lui appartenant.

Je retourne inftruire maman de cette vilainie du Prélat: elle me fait lui écrire, & me dicte une lettre de bonne encre, à laquelle, afin de ne pas fe compromettre, il ne répond point: mais il m'envoie mon ancienne ménagere, pour me déclarer de fa part, que, s'il m'arrive de me porter à l'éclat dont je le menace, il me fera enfermer à la falpêtriere. C'eft alors que Mad. Gourdan, par fes protections, voulant éviter tout malheur de cette efpece, m'a fait infcrire furnuméraire à l'opéra. Depuis elle a mis en jeu les Prélats, fes amis, qui ont négocié auprès du mien. Les pourparlers ont été longs ; il étoit outré ; il ne vouloit s'exécuter en rien ; mais lorfque ma grofleffe a été certaine, on a tellement fait valoir cette circonftance, qu'il m'a envoyé cent louis, dont s'eft emparée Mad. Gourdan, fous prétexte de mon entretien, de ma penfion, de mes couches futures. Du

reste , nous sommes les meilleures
amies du monde : elle m'appelle
son enfant ; je lui gagne beaucoup
d'argent, dont elle ne me rend
qu'une très-petite part ; mais elle
m'assure que lorsque je serai déli-
vrée de mon fardeau, elle me pro-
curera un bon entreteneur, & me
remettra une troisieme fois dans
le chemin de la fortune. J'espe-
re bien en mieux profiter. Malheur aux dupes qui tomberont
dans mes filets !

*F I N.*